纪检监察实务系列

新监察法实施条例一点通

含新旧对照

《新监察法实施条例一点通》编写组 / 编

中国法治出版社
CHINA LEGAL PUBLISHING HOUSE

编写说明

经党中央批准，2025年6月1日，国家监察委员会公告第2号公布了修订后的《中华人民共和国监察法实施条例》（以下简称《条例》）。《条例》是《中华人民共和国监察法》（以下简称《监察法》）的配套法规，紧紧围绕促进《监察法》修改内容精准落地，将法律中概括性规定予以细化，完善了职责权限、工作程序和履职要求等制度规范。相比修订前的《条例》，修订后的《条例》由287条增加至329条，增加42条。此次修订包含很多亮点，比如首次将"以案促改"写入《条例》（第三十九条），更加注重发挥监察建议在铲除腐败滋生的土壤和条件的监督、治理功效（如《条例》第二十二条、第三十九条、第二百三十五条）。《条例》（第二百零四条、第二百零五条）已明确规定将适当了解作为问题线索的处置方式。《条例》（第二百一十条）对监察机关立案条件已删除"经过初步核实"的表述，只要监察机关已经掌握监察对象涉嫌职务违法或者职务犯罪的部分事实和证据，认为需要追究其法律责任的，就可以按规定报批后，依法立案调查。《条例》对以谈话方式处置一般性问题线索和审理谈话的地点均提出新要求，即谈话应当在监察机关谈话场所、具备安全保障条件的工作地点等场所进行。《条例》明确对其中由省级以下单位管理的公职人员涉嫌职务犯罪一般实行属地管辖，进一步简化工作流程，完善协商和通报机制，促进监察工作提质增效。《条例》既对监察机关采取强制到案、责令候查、管护、禁闭等新增监察强制措施，适用留置期限再延长和重新计算的具体情形、工作程序等作出精细化、可操作性规定，促进监察机关用好法律赋予的各项措施手段,又将严格限权的理念融入监察权运行各环节,比如监察机关可以依法使用搜查措施。同时,为防止搜查措施的滥用,《条例》规定不得擅自变更搜查对象和扩大搜查范围,严禁单独进入搜查区域。体现了授权与控权相结合的平衡要求。

  本书将修订前后的《条例》逐条对比、分不同主题进行梳理,以表格形式立体展现前后变化之处,分主题总结梳理相关规定,力图使读者能精准掌握《条例》。编者能力水平和时间有限,本书还存在一定不足,欢迎读者提出修改完善建议。

编者
2025 年 6 月 18 日

目 录

第一部分

《中华人民共和国监察法实施条例》新旧对照与知识点提醒 / 1

第一章 总则 / 2

第二章 监察机关及其职责 / 7

 第一节 领导体制 / 7

 第二节 监察监督 / 10

 第三节 监察调查 / 15

 第四节 监察处置 / 22

第三章 监察范围和管辖 / 25

 第一节 监察对象 / 25

 第二节 管辖 / 30

第四章 监察权限 / 38

 第一节 一般要求 / 38

 第二节 证据 / 45

 第三节 谈话 / 53

 第四节 讯问 / 58

 第五节 询问 / 61

 第六节 强制到案 / 66

 第七节 责令候查 / 69

 第八节 管护 / 77

 第九节 留置 / 81

 第十节 查询、冻结 / 95

 第十一节 搜查 / 101

 第十二节 调取 / 104

 第十三节 查封、扣押 / 108

 第十四节 勘验检查、调查实验 / 117

第十五节　鉴定 / 124
第十六节　技术调查 / 129
第十七节　通缉 / 133
第十八节　限制出境 / 136
第五章　监察程序 / 138
　第一节　线索处置 / 138
　第二节　立案 / 149
　第三节　调查 / 153
　第四节　审理 / 158
　第五节　处置 / 166
　第六节　移送审查起诉 / 179
第六章　反腐败国际合作 / 197
　第一节　工作职责和领导体制 / 197
　第二节　国（境）内工作 / 202
　第三节　对外合作 / 205
第七章　对监察机关和监察人员的监督 / 209
第八章　法律责任 / 229
第九章　附则 / 236

第二部分

《中华人民共和国监察法实施条例》中"负责人"相关规定的梳理 / 240

第三部分

《中华人民共和国监察法实施条例》中"审批"相关规定的梳理 / 245

第四部分

《中华人民共和国监察法实施条例》中监察措施"期限"相关规定的梳理 / 253

第五部分

监察调查程序时限要求一览表 / 263

附　录

中华人民共和国监察法 / 267
（2024年12月25日）

第一部分

《中华人民共和国监察法实施条例》[①]
新旧对照与知识点提醒[②]

修订前	修订后	知识点提醒 (含简要修改说明)
目　录 第一章　总　　则 第二章　监察机关及其职责 第三章　监察范围和管辖	目　录 第一章　总　　则 第二章　监察机关及其职责 第三章　监察范围和管辖	

[①] 该表格中左栏为2021年7月20日国家监察委员会全体会议决议，2021年9月20日国家监察委员会公告第1号公布的《中华人民共和国监察法实施条例》，简称2021年《条例》；中间栏为2025年4月27日国家监察委员会全体会议修订，2025年6月1日国家监察委员会公告第2号公布的《中华人民共和国监察法实施条例》，简称《条例》；右栏的知识点提醒含简要修改说明。

[②] 编者注：条文规定中的重要删改或新增之处用黑体字凸显。

修订前	修订后	知识点提醒 (含简要修改说明)
第四章　监察权限 第五章　监察程序 第六章　反腐败国际合作 第七章　对监察机关和监察人员的监督 第八章　法律责任 第九章　附　　则	第四章　监察权限 第五章　监察程序 第六章　反腐败国际合作 第七章　对监察机关和监察人员的监督 第八章　法律责任 第九章　附　　则	
第一章 总　则	**第一章 总　则**	
第一条　为了推动监察工作法治化、规范化，根据《中华人民共和国监察法》(以下简称监察法)，结合工作实际，制定本条例。	**第一条**　为了推动监察工作法治化、规范化，**保障依法公正行使监察权**，根据《中华人民共和国监察法》(以下简称监察法)，结合工作实际，制定本条例。	本条增加了"保障依法公正行使监察权"的表述。行使监察权，请注意两大关键词"依法""公正"。

修订前	修订后	知识点提醒 (含简要修改说明)
第二条 坚持中国共产党对监察工作的全面领导，增强政治意识、大局意识、核心意识、看齐意识，坚定中国特色社会主义道路自信、理论自信、制度自信、文化自信，坚决维护习近平总书记党中央的核心、全党的核心地位，坚决维护党中央权威和集中统一领导，把党的领导贯彻到监察工作各方面和全过程。	**第二条** 坚持中国共产党对监察工作的全面领导，增强政治意识、大局意识、核心意识、看齐意识，坚定中国特色社会主义道路自信、理论自信、制度自信、文化自信，坚决维护习近平总书记党中央的核心、全党的核心地位，坚决维护**以习近平同志为核心的**党中央权威和集中统一领导，把党的领导贯彻到监察工作各方面和全过程。	本条"以习近平同志为核心的"系新增表述。
第三条 监察机关与党的纪律检查机关合署办公，坚持法治思维和法治方式，促进执纪执法贯通、有效衔接司法，实现依纪监督和依法监察、适用纪律和适用法律有机融合。	**第三条** 监察机关与党的纪律检查机关合署办公，坚持法治思维和法治方式，促进执纪执法贯通、有效衔接司法，实现依纪监督和依法监察、适用纪律和适用法律有机融合。	本条表述未发生变化。学习本条请结合《中国共产党纪律检查机关监督执纪工作规则》第六条进行。
第四条 监察机关应当依法履行监督、调查、处置职责，坚持实事求是，坚持惩前毖后、治病救人，坚持惩戒与	**第四条** 监察机关应当依法履行监督、调查、处置职责，坚持实事求是，坚持惩前毖后、治病救人，坚持惩戒与	本条表述未发生变化。

修订前	修订后	知识点提醒（含简要修改说明）
教育相结合，实现政治效果、法律效果和社会效果相统一。	教育相结合，实现政治效果、法律效果和社会效果相统一。	
第五条 监察机关应当坚定不移惩治腐败，推动深化改革、完善制度，规范权力运行，加强**思想道德教育、法治教育、廉洁教育**，引导公职人员提高觉悟、担当作为、依法履职，一体推进不敢腐、不能腐、不想腐**体制机制建设**。	**第五条** 监察机关应当坚定不移惩治腐败，推动深化改革、完善制度，规范权力运行，加强**新时代廉洁文化建设**，引导公职人员提高觉悟、担当作为、依法履职，一体推进不敢腐、不能腐、不想腐，**着力铲除腐败滋生的土壤和条件**。	此处用"加强新时代廉洁文化建设"取代此前"加强思想道德教育、法治教育、廉洁教育"的表述。2022年2月，中共中央办公厅印发了《关于加强新时代廉洁文化建设的意见》。请注意学习。 "一体推进不敢腐、不能腐、不想腐体制机制建设"表述更新为"一体推进不敢腐、不能腐、不想腐"。 "着力铲除腐败滋生的土壤和条件"系新增表述。

修订前	修订后	知识点提醒（含简要修改说明）
第六条 监察机关坚持民主集中制，对于线索处置、立案调查、案件审理、处置执行、复审复核中的重要事项应当集体研究，严格按照权限履行请示报告程序。	**第六条** 监察机关坚持民主集中制，对于线索处置、立案调查、案件审理、处置执行、复审复核中的重要事项应当集体研究，严格按照权限履行请示报告程序。	本条表述未发生变化。相比《中国共产党纪律检查机关监督执纪工作规则》第十条第三款的规定，本条要求复审复核中的重要事项也应当集体研究。
第七条 监察机关应当在适用法律上一律平等，充分保障监察对象以及相关人员的人身权、知情权、财产权、申辩权、申诉权以及申请复审复核权等合法权益。	**第七条** 监察机关应当**尊重和保障人权**，在适用法律上一律平等，充分保障监察对象以及相关人员的人身权、知情权、财产权、申辩权、申诉权以及申请复审复核权等合法权益。	"尊重和保障人权"系新增表述。《条例》第八十一条第三款、第九十四条第四款均体现了保障监察对象以及相关人员保障知情权。《条例》第二百四十条第二款规定保护善意第三人财产权。
第八条 监察机关办理职务犯罪案件，应当与人民法院、人民检察院互相	**第八条** 监察机关办理职务犯罪案件，应当与人民法院、人民检察院互相	本条表述未发生变化。

修订前	修订后	知识点提醒（含简要修改说明）
配合、互相制约，在案件管辖、证据审查、案件移送、涉案财物处置等方面加强沟通协调，对于人民法院、人民检察院提出的退回补充调查、排除非法证据、调取同步录音录像、要求调查人员出庭等意见依法办理。	配合、互相制约，在案件管辖、证据审查、案件移送、涉案财物处置等方面加强沟通协调，对于人民法院、人民检察院提出的退回补充调查、排除非法证据、调取同步录音录像、要求调查人员出庭等意见依法办理。	
第九条 监察机关开展监察工作，可以依法提请组织人事、公安、国家安全、审计、统计、市场监管、金融监管、财政、税务、自然资源、银行、证券、保险等有关部门、单位予以协助配合。 有关部门、单位应当根据监察机关的要求，依法协助采取有关措施、共享相关信息、提供相关资料和专业技术支持，配合开展监察工作。	**第九条** 监察机关开展监察工作，可以依法提请组织人事、公安、国家安全、**移民管理**、审计、统计、市场监管、金融监管、财政、税务、自然资源、银行、证券、保险等有关部门、单位予以协助配合。 有关部门、单位应当根据监察机关的要求，依法协助采取有关措施、共享相关信息、提供相关资料和专业技术支持，配合开展监察工作。	本条第一款中的"移民管理"系新增表述。

修订前	修订后	知识点提醒 (含简要修改说明)
第二章 监察机关及其职责	**第二章 监察机关及其职责**	
第一节 领导体制	第一节 领导体制	
第十条 国家监察委员会在党中央领导下开展工作。地方各级监察委员会在同级党委和上级监察委员会双重领导下工作，监督执法调查工作以上级监察委员会领导为主，线索处置和案件查办在向同级党委报告的同时应当一并向上一级监察委员会报告。 上级监察委员会应当加强对下级监察委员会的领导。下级监察委员会对上级监察委员会的决定必须执行，认为决定不当的，应当在执行的同时向上级监察委员会反映。上级监察委员会对下级监察委员会作出的错误决定，应当按程序予以纠正，或者要求下级监察委员会予以纠正。	**第十条** 国家监察委员会在党中央领导下开展工作。地方各级监察委员会在同级党委和上级监察委员会双重领导下工作，监督执法调查工作以上级监察委员会领导为主，线索处置和案件查办在向同级党委报告的同时应当一并向上一级监察委员会报告。 上级监察委员会应当加强对下级监察委员会的领导。下级监察委员会对上级监察委员会的决定必须执行，认为决定不当的，应当在执行的同时向上级监察委员会反映。上级监察委员会对下级监察委员会作出的错误决定，应当按程序予以纠正，或者要求下级监察委员会予以纠正。	本条表述未发生变化。学习理解本条，请结合《中国共产党纪律检查机关监督执纪工作规则》第三条第二项以及第五条的规定进行。 《公职人员政务处分法》第五十七条、第五十八条对上级监察机关撤销、变更下级监察机关处分决定作出规定。

修订前	修订后	知识点提醒 (含简要修改说明)
第十一条 上级监察委员会可以依法统一调用所辖各级监察机关的监察人员办理监察事项。调用决定应当以书面形式作出。 监察机关办理监察事项应当加强互相协作和配合，对于重要、复杂事项可以提请上级监察机关予以协调。	**第十一条** 上级监察委员会可以依法统一调用所辖各级监察机关的监察人员办理监察事项。调用决定应当以书面形式作出。 监察机关办理监察事项应当加强互相协作和配合，对于重要、复杂事项可以提请上级监察机关予以协调。	本条表述未发生变化。
第十二条 各级监察委员会依法向本级中国共产党机关、国家机关、法律法规授权或者受委托管理公共事务的组织和单位以及所管辖的国有企业事业单位等派驻或者派出监察机构、监察专员。 省级和设区的市级监察委员会依法向地区、盟、开发区等不设置人民代表大会的区域派出监察机构或者监察专员。县级监察委员会和直辖市所辖区（县）	**第十二条** 各级监察委员会依法向本级中国共产党机关、国家机关、**中国人民政治协商会议委员会机关**、法律法规授权或者受委托管理公共事务的组织和单位以及所管辖的国有企业、事业单位等派驻或者派出监察机构、监察专员。 省级和设区的市级监察委员会依法向地区、盟、开发区等不设置人民代表大会的区域派出监察机构或者监察专员。	本条第一款中的"中国人民政治协商会议委员会机关"系新增表述。

修订前	修订后	知识点提醒（含简要修改说明）
监察委员会可以向街道、乡镇等区域派出监察机构或者监察专员。 监察机构、监察专员开展监察工作，受派出机关领导。	县级监察委员会和直辖市所辖区（县）监察委员会可以向街道、乡镇等区域派出监察机构或者监察专员。 监察机构、监察专员开展监察工作，受派出机关领导。	
第十三条 派驻或者派出的监察机构、监察专员根据派出机关授权，按照管理权限依法对派驻或者派出监督单位、区域等的公职人员开展监督，对职务违法和职务犯罪进行调查、处置。监察机构、监察专员可以按规定与地方监察委员会联合调查严重职务违法、职务犯罪，或者移交地方监察委员会调查。 **未被授予职务犯罪调查权的监察机构、监察专员发现**监察对象涉嫌职务犯罪线索的，应当及时向派出机关报告，由派出机关调查或者依法移交有关地方监察委员会调查。	**第十三条** **各级监察委员会**派驻或者派出的监察机构、监察专员根据派出机关授权，按照管理权限依法对派驻或者派出监督单位、区域等的公职人员开展监督，对职务违法和职务犯罪进行调查、处置。监察机构、监察专员可以按规定与地方监察委员会联合调查严重职务违法、职务犯罪，或者移交地方监察委员会调查。 **前款规定的监察机构、监察专员未被授予职务犯罪调查权的，其发现**监察对象涉嫌职务犯罪线索，应当及时向派出机关报告，由派出机关调查或者依法移交有关地方监察委员会调查。	本条第一款中的"各级监察委员会"系新增表述。

修订前	修订后	知识点提醒（含简要修改说明）
	第十四条 经国家监察委员会批准，国家监察委员会有关派驻监察机构、监察专员可以按照监察法第十二条第二款、第三款规定再派出。 再派出监察机构、监察专员开展监察工作，受派出它的监察机构、监察专员领导。 再派出监察机构、监察专员根据授权，按照管理权限依法对再派出监督单位的公职人员开展监督，对职务违法进行调查、处置。职务犯罪的调查、处置，按照本条例第五十二条第二款规定办理。	本条系新增内容。 本条对监察再派出制度予以细化：将再派出监察机构、监察专员纳入监察机关范畴，对监察再派出的领导机制以及再派出监察机构、监察专员的职责和管辖等作出规定，为稳妥有序推进监察再派出改革提供规范指引，深化派驻监督向下延伸。
第二节　监察监督	第二节　监察监督	
第十四条 监察机关依法履行监察监督职责，对公职人员政治品行、行使公权力和道德操守情况进行监督检查，	**第十五条** 监察机关依法履行监察监督职责，对公职人员政治品行、行使公权力和道德操守情况进行监督检查，	本条表述未发生变化。 理解本条，请注意结合《中国共产党纪律检查机关

· 10 ·

修订前	修订后	知识点提醒（含简要修改说明）
督促有关机关、单位加强对所属公职人员的教育、管理、监督。	督促有关机关、单位加强对所属公职人员的教育、管理、监督。	监督执纪工作规则》第十五条的规定进行。
第十五条 监察机关应当坚决维护宪法确立的国家指导思想，加强对公职人员特别是领导人员坚持党的领导、坚持中国特色社会主义制度，贯彻落实党和国家路线方针政策、重大决策部署，履行从严管理监督职责，依法行使公权力等情况的监督。	**第十六条** 监察机关应当坚决维护宪法确立的国家指导思想，加强对公职人员特别是领导人员坚持党的领导、坚持中国特色社会主义制度，贯彻落实党和国家路线方针政策、重大决策部署，履行从严管理监督职责，依法行使公权力等情况的监督。	本条表述未发生变化。
第十六条 监察机关应当加强对公职人员理想教育、为人民服务教育、宪法法律法规教育、优秀传统文化教育，弘扬社会主义核心价值观，深入开展警示教育，教育引导公职人员树立正确的权力观、**责任观、利益观**，保持为民务实清廉本色。	**第十七条** 监察机关应当加强对公职人员理想**信念**教育、为人民服务教育、宪法法律法规教育**和社会主义先进文化、革命文化、中华**优秀传统文化教育，弘扬社会主义核心价值观，深入开展警示教育，教育引导公职人员树立正确的权力观、**政绩观、事业观**，保持为民务实清廉本色。	用"理想信念教育"取代此前的"理想教育"。"社会主义先进文化、革命文化"系新增表述。用"中华优秀传统文化教育"取代此前的"优秀传统文化教育"。用"政绩观、事业观"

修订前	修订后	知识点提醒（含简要修改说明）
		取代此前的"责任观、利益观"。
第十七条 监察机关应当结合公职人员的职责加强日常监督，通过收集群众反映、座谈走访、查阅资料、召集或者列席会议、听取工作汇报和述责述廉、开展监督检查等方式，促进公职人员依法用权、**秉公**用权、廉洁用权。	**第十八条** 监察机关应当结合公职人员的职责加强日常监督，通过收集群众反映、座谈走访、查阅资料、召集或者列席会议、听取工作汇报和述责述廉、开展监督检查等方式，促进公职人员依法用权、**公正**用权、为民用权、廉洁用权。	用"公正用权"取代此前的"秉公用权"。"为民用权"系新增表述。
第十八条 监察机关可以与公职人员进行谈心谈话，发现政治品行、行使公权力和道德操守方面有苗头性、倾向性问题的，及时进行教育提醒。	**第十九条** 监察机关可以与公职人员进行谈心谈话，发现政治品行、行使公权力和道德操守方面有苗头性、倾向性问题的，及时进行教育提醒。	本条表述未发生变化。苗头性、倾向性问题，一般来说，是指有发生违法行为的可能但尚未发生的问题，而不是已经发生的问题。【关联规定】《中国共产党党内监督条例》第二十一条

修订前	修订后	知识点提醒 (含简要修改说明)
第十九条 监察机关对于发现的**系统性、行业性**的突出问题，以及群众反映强烈的问题，可以通过专项检查进行深入了解，督促有关机关、单位强化治理，促进公职人员履职尽责。	**第二十条** 监察机关对于发现的**行业性、系统性、区域性**的突出问题，以及群众反映强烈的问题，可以通过专项监督进行深入了解，督促有关机关、单位强化治理，促进公职人员履职尽责。	"区域性"系新增表述。
	第二十一条 监察机关应当加强基层监督工作，促进基层监督资源和力量整合，有效衔接村（居）务监督等各类基层监督，畅通群众监督渠道，及时发现、处理侵害群众利益的不正之风和腐败问题。	本条系新增内容。
第二十条 监察机关应当以办案促进整改、以监督促进治理，在查清问题、依法处置的同时，剖析问题发生的原因，发现制度建设、权力配置、监督机制等方面存在的问题，向有关机关、	**第二十二条** 监察机关应当以办案促进整改、以监督促进治理，在查清问题、依法处置的同时，剖析问题发生的原因，发现制度建设、权力配置、监督机制等方面存在的问题，向有关机关、	本条第二款系新增表述。

修订前	修订后	知识点提醒 (含简要修改说明)
单位提出改进工作的意见或者监察建议，促进完善制度，提高治理效能。	单位提出改进工作的意见或者监察建议，促进完善制度，提高治理效能。 　　对同一行业、系统、区域相关职务违法或者职务犯罪案件，监察机关应当加强类案分析，深入挖掘存在的共性问题，提出综合性改进工作的意见或者监察建议。	
	第二十三条　监察机关应当依法运用大数据、人工智能等信息化手段，整合各类监督信息资源，强化数据综合分析研判，促进及时预警风险、精准发现问题。	本条系新增内容。
第二十一条　监察机关开展监察监督，应当与纪律监督、派驻监督、巡视监督统筹衔接，与人大监督、民主监督、行政监督、司法监督、审计监督、	第二十四条　监察机关开展监察监督，应当与纪律监督、派驻监督、巡视监督统筹衔接，与人大监督、民主监督、行政监督、司法监督、审计监督、	本条表述未发生变化。

修订前	修订后	知识点提醒 (含简要修改说明)
财会监督、统计监督、群众监督和舆论监督等贯通协调，健全信息、资源、成果共享等机制，形成监督合力。	财会监督、统计监督、群众监督和舆论监督等贯通协调，健全信息、资源、成果共享等机制，形成监督合力。	
第三节　监察调查	第三节　监察调查	
第二十二条　监察机关依法履行监察调查职责，依据监察法、《中华人民共和国公职人员政务处分法》（以下简称政务处分法）和《中华人民共和国刑法》（以下简称刑法）等规定对职务违法和职务犯罪进行调查。	**第二十五条**　监察机关依法履行监察调查职责，依据监察法、《中华人民共和国公职人员政务处分法》（以下简称政务处分法）和《中华人民共和国刑法》（以下简称刑法）等规定对职务违法和职务犯罪进行调查。	本条表述未发生变化。
第二十三条　监察机关负责调查的职务违法是指公职人员实施的与其职务相关联，虽不构成犯罪但依法应当承担法律责任的下列违法行为： （一）利用职权实施的违法行为；	**第二十六条**　监察机关负责调查的职务违法是指公职人员实施的与其职务相关联，虽不构成犯罪但依法应当承担法律责任的下列违法行为： （一）利用职权实施的违法行为；	本条表述未发生变化。职务违法的四种情形，建议熟记。

修订前	修订后	知识点提醒（含简要修改说明）
（二）利用职务上的影响实施的违法行为； （三）履行职责不力、失职失责的违法行为； （四）其他违反与公职人员职务相关的特定义务的违法行为。	（二）利用职务上的影响实施的违法行为； （三）履行职责不力、失职失责的违法行为； （四）其他违反与公职人员职务相关的特定义务的违法行为。	
第二十四条 监察机关发现公职人员存在其他违法行为，具有下列情形之一的，可以依法进行调查、处置： （一）超过行政违法追究时效，或者超过犯罪追诉时效、未追究刑事责任，但需要依法给予政务处分的； （二）被追究行政法律责任，需要依法给予政务处分的； （三）监察机关调查职务违法或者职务犯罪时，对被调查人实施的事实简单、清楚，需要依法给予政务处分的其	**第二十七条** 监察机关发现公职人员存在其他违法行为，具有下列情形之一的，可以依法进行调查、处置： （一）超过行政违法追究时效，或者超过犯罪追诉时效、未追究刑事责任，但需要依法给予政务处分的； （二）被追究行政法律责任，需要依法给予政务处分的； （三）监察机关调查职务违法或者职务犯罪时，对被调查人实施的事实简单、清楚，需要依法给予政务处分的其	本条表述未发生变化。

修订前	修订后	知识点提醒 (含简要修改说明)
他违法行为一并查核的。 　　监察机关发现公职人员成为监察对象前有前款规定的违法行为的，依照前款规定办理。	他违法行为一并查核的。 　　监察机关发现公职人员成为监察对象前有前款规定的违法行为的，依照前款规定办理。	
第二十五条　监察机关依法对监察法第十一条第二项规定的职务犯罪进行调查。	第二十八条　监察机关依法对监察法第十一条第二项规定的职务犯罪进行调查。	本条表述未发生变化。
第二十六条　监察机关依法调查涉嫌贪污贿赂犯罪，包括贪污罪，挪用公款罪，受贿罪，单位受贿罪，利用影响力受贿罪，行贿罪，对有影响力的人行贿罪，对单位行贿罪，介绍贿赂罪，单位行贿罪，巨额财产来源不明罪，隐瞒境外存款罪，私分国有资产罪，私分罚没财物罪，以及公职人员在行使公权力过程中实施的职务侵占罪，挪用资金罪，	第二十九条　监察机关依法调查涉嫌贪污贿赂犯罪，包括贪污罪，挪用公款罪，受贿罪，单位受贿罪，利用影响力受贿罪，行贿罪，对有影响力的人行贿罪，对单位行贿罪，介绍贿赂罪，单位行贿罪，巨额财产来源不明罪，隐瞒境外存款罪，私分国有资产罪，私分罚没财物罪，以及公职人员在行使公权力过程中实施的职务侵占罪，挪用资金罪，	本条表述未发生变化。

修订前	修订后	知识点提醒（含简要修改说明）
对外国公职人员、国际公共组织官员行贿罪，非国家工作人员受贿罪和相关联的对非国家工作人员行贿罪。	对外国公职人员、国际公共组织官员行贿罪，非国家工作人员受贿罪和相关联的对非国家工作人员行贿罪。	
第二十七条　监察机关依法调查公职人员涉嫌滥用职权犯罪，包括滥用职权罪，国有公司、企业、事业单位人员滥用职权罪，滥用管理公司、证券职权罪，食品、药品监管渎职罪，故意泄露国家秘密罪，报复陷害罪，阻碍解救被拐卖、绑架妇女、儿童罪，帮助犯罪分子逃避处罚罪，违法发放林木采伐许可证罪，办理偷越国（边）境人员出入境证件罪，放行偷越国（边）境人员罪，挪用特定款物罪，非法剥夺公民宗教信仰自由罪，侵犯少数民族风俗习惯罪，打击报复会计、统计人员罪，以及司法工作人员以外的公职人员利用职权实施	第三十条　监察机关依法调查公职人员涉嫌滥用职权犯罪，包括滥用职权罪，国有公司、企业、事业单位人员滥用职权罪，滥用管理公司、证券职权罪，食品、药品监管渎职罪，故意泄露国家秘密罪，报复陷害罪，阻碍解救被拐卖、绑架妇女、儿童罪，帮助犯罪分子逃避处罚罪，违法发放林木采伐许可证罪，办理偷越国（边）境人员出入境证件罪，放行偷越国（边）境人员罪，挪用特定款物罪，非法剥夺公民宗教信仰自由罪，侵犯少数民族风俗习惯罪，打击报复会计、统计人员罪，以及司法工作人员以外的公职人员利用职权实施	本条表述未发生变化。

修订前	修订后	知识点提醒（含简要修改说明）
的非法拘禁罪、虐待被监管人罪、非法搜查罪。	的非法拘禁罪、虐待被监管人罪、非法搜查罪。	
第二十八条 监察机关依法调查公职人员涉嫌玩忽职守犯罪，包括玩忽职守罪，国有公司、企业、事业单位人员失职罪，签订、履行合同失职被骗罪，国家机关工作人员签订、履行合同失职被骗罪，环境监管失职罪，传染病防治失职罪，商检失职罪，动植物检疫失职罪，不解救被拐卖、绑架妇女、儿童罪，失职造成珍贵文物损毁、流失罪，过失泄露国家秘密罪。	第三十一条 监察机关依法调查公职人员涉嫌玩忽职守犯罪，包括玩忽职守罪，国有公司、企业、事业单位人员失职罪，签订、履行合同失职被骗罪，国家机关工作人员签订、履行合同失职被骗罪，环境监管失职罪，传染病防治失职罪，商检失职罪，动植物检疫失职罪，不解救被拐卖、绑架妇女、儿童罪，失职造成珍贵文物损毁、流失罪，过失泄露国家秘密罪。	本条表述未发生变化。
第二十九条 监察机关依法调查公职人员涉嫌徇私舞弊犯罪，包括徇私舞弊低价折股、**出售国有资产罪**，非法批准征收、征用、占用土地罪，非法低价	第三十二条 监察机关依法调查公职人员涉嫌徇私舞弊犯罪，包括徇私舞弊低价折股、**出售公司、企业资产罪**，非法批准征收、征用、占用土地罪，非法	本条与2023年12月出台的《刑法修正案（十二）》相衔接，将"徇私舞弊低价折股、出售国有

· 19 ·

修订前	修订后	知识点提醒 （含简要修改说明）
出让国有土地使用权罪，非法经营同类营业罪，为亲友非法牟利罪，枉法仲裁罪，徇私舞弊发售发票、抵扣税款、出口退税罪，商检徇私舞弊罪，动植物检疫徇私舞弊罪，放纵走私罪，放纵制售伪劣商品犯罪行为罪，招收公务员、学生徇私舞弊罪，徇私舞弊不移交刑事案件罪，违法提供出口退税凭证罪，徇私舞弊不征、少征税款罪。	低价出让国有土地使用权罪，非法经营同类营业罪，为亲友非法牟利罪，枉法仲裁罪，徇私舞弊发售发票、抵扣税款、出口退税罪，商检徇私舞弊罪，动植物检疫徇私舞弊罪，放纵走私罪，放纵制售伪劣商品犯罪行为罪，招收公务员、学生徇私舞弊罪，徇私舞弊不移交刑事案件罪，违法提供出口退税凭证罪，徇私舞弊不征、少征税款罪。	资产罪"中的"出售国有资产"修改为"出售公司、企业资产"，需要注意的是监察机关对该罪的管辖仍限于公职人员实施的相关犯罪。
第三十条 监察机关依法调查公职人员在行使公权力过程中涉及的重大责任事故犯罪，包括重大责任事故罪，教育设施重大安全事故罪，消防责任事故罪，重大劳动安全事故罪，强令、组织他人违章冒险作业罪，危险作业罪，不报、谎报安全事故罪，铁路运营安全事故罪，重大飞行事故罪，大型群众性活	**第三十三条** 监察机关依法调查公职人员在行使公权力过程中涉及的重大责任事故犯罪，包括重大责任事故罪，教育设施重大安全事故罪，消防责任事故罪，重大劳动安全事故罪，强令、组织他人违章冒险作业罪，危险作业罪，不报、谎报安全事故罪，铁路运营安全事故罪，重大飞行事故罪，大型群众性	本条表述未发生变化。

修订前	修订后	知识点提醒（含简要修改说明）
动重大安全事故罪，危险物品肇事罪，工程重大安全事故罪。	活动重大安全事故罪，危险物品肇事罪，工程重大安全事故罪。	
第三十一条 监察机关依法调查公职人员在行使公权力过程中涉及的其他犯罪，包括破坏选举罪，背信损害上市公司利益罪，金融工作人员购买假币、以假币换取货币罪，利用未公开信息交易罪，诱骗投资者买卖证券、期货合约罪，背信运用受托财产罪，违法运用资金罪，违法发放贷款罪，吸收客户资金不入账罪，违规出具金融票证罪，对违法票据承兑、付款、保证罪，非法转让、倒卖土地使用权罪，私自开拆、隐匿、毁弃邮件、电报罪，故意延误投递邮件罪，泄露不应公开的案件信息罪，披露、报道不应公开的案件信息罪，接送不合格兵员罪。	**第三十四条** 监察机关依法调查公职人员在行使公权力过程中涉及的其他犯罪，包括破坏选举罪，背信损害上市公司利益罪，金融工作人员购买假币、以假币换取货币罪，利用未公开信息交易罪，诱骗投资者买卖证券、期货合约罪，背信运用受托财产罪，违法运用资金罪，违法发放贷款罪，吸收客户资金不入账罪，违规出具金融票证罪，对违法票据承兑、付款、保证罪，非法转让、倒卖土地使用权罪，私自开拆、隐匿、毁弃邮件、电报罪，故意延误投递邮件罪，泄露不应公开的案件信息罪，披露、报道不应公开的案件信息罪，接送不合格兵员罪。	本条表述未发生变化。

修订前	修订后	知识点提醒 (含简要修改说明)
第三十二条 监察机关发现依法由其他机关管辖的违法犯罪线索，应当及时移送有管辖权的机关。 监察机关调查结束后，对于应当给予被调查人或者涉案人员行政处罚等其他处理的，依法移送有关机关。	**第三十五条** 监察机关发现依法由其他机关管辖的违法犯罪线索，应当及时移送有管辖权的机关。 监察机关调查结束后，对于应当给予被调查人或者涉案人员行政处罚等其他处理的，依法移送有关机关。	本条表述未发生变化。
第四节 监察处置	第四节 监察处置	
第三十三条 监察机关对违法的公职人员，依据监察法、政务处分法等规定作出政务处分决定。	**第三十六条** 监察机关对违法的公职人员，依据监察法、政务处分法等规定作出政务处分决定。	本条表述未发生变化。
第三十四条 监察机关在追究违法的公职人员直接责任的同时，依法对履行职责不力、失职失责，造成严重后果或者恶劣影响的领导人员予以问责。	**第三十七条** 监察机关在追究违法的公职人员直接责任的同时，依法对履行职责不力、失职失责，造成严重后果或者恶劣影响的领导人员予以问责。	监察问责与党内问责在问责主体、问责对象、问责情形等方面都存在差异。问责追究的是领导责

修订前	修订后	知识点提醒（含简要修改说明）
监察机关应当组成调查组依法开展问责调查。调查结束后经集体讨论形成调查报告，需要进行问责的按照管理权限作出问责决定，或者向有权作出问责决定的机关、单位书面提出问责建议。	监察机关应当组成调查组依法开展问责调查。调查结束后经集体讨论形成调查报告，需要进行问责的按照管理权限作出问责决定，或者向有权作出问责决定的机关、单位书面提出问责建议。	任，较之直接责任，一般不涉及严重违纪违法或职务犯罪，因此对涉嫌严重职务违法或职务犯罪才可以使用的讯问、留置、技术调查等监察措施，在追究领导责任的问责工作中一般不应使用。
第三十五条 监察机关对涉嫌职务犯罪的人员，经调查认为犯罪事实清楚，证据确实、充分，需要追究刑事责任的，依法移送人民检察院审查起诉。	**第三十八条** 监察机关对涉嫌职务犯罪的人员，经调查认为犯罪事实清楚，证据确实、充分，需要追究刑事责任的，依法移送人民检察院审查起诉。	本条表述未发生变化。
第三十六条 监察机关根据监督、调查结果，发现监察对象所在单位在**廉政建设、权力制约、监督管理、制度执行以及履行职责**等方面存在问题需要整	**第三十九条** 监察机关根据监督、调查结果，发现监察对象所在单位**具有下列情形之一**，需要整改纠正的，依法提出监察建议，**推动以案促改工作：**	"以案促改"首次被写入《条例》，是着力铲除腐败滋生的土壤和条件的体现。提出监察建议的

修订前	修订后	知识点提醒 (含简要修改说明)
改纠正的，依法提出监察建议。 　　监察机关应当跟踪了解监察建议的采纳情况，指导、督促有关单位限期整改，推动监察建议落实到位。	（一）廉政建设方面存在突出问题的； 　　（二）权力运行制约监督方面存在较大风险的； 　　（三）监察对象教育管理监督方面存在突出问题的； 　　（四）执行法律法规制度不到位的； 　　（五）不履行或者不正确履行法定职责的； 　　（六）其他需要提出监察建议的情形。 　　监察机关应当跟踪了解监察建议的采纳情况，指导、督促有关单位限期整改，对未达到整改要求的提出进一步整改意见，推动监察建议落实到位。	六种情形，系新增内容。 　　本条第二款中"对未达到整改要求的提出进一步整改意见"系新增表述。

修订前	修订后	知识点提醒 (含简要修改说明)
第三章　监察范围和管辖	**第三章　监察范围和管辖**	
第一节　监察对象	第一节　监察对象	
第三十七条　监察机关依法对所有行使公权力的公职人员进行监察，实现国家监察全面覆盖。	**第四十条**　监察机关依法对所有行使公权力的公职人员进行监察，实现国家监察全面覆盖。	本条表述未发生变化。
第三十八条　监察法第十五条第一项所称公务员范围，依据《中华人民共和国公务员法》（以下简称公务员法）确定。 　　监察法第十五条第一项所称参照公务员法管理的人员，是指有关单位中经批准参照公务员法进行管理的工作人员。	**第四十一条**　监察法第十五条第一项所称公务员范围，依据《中华人民共和国公务员法》（以下简称公务员法）确定。 　　监察法第十五条第一项所称参照公务员法管理的人员，是指有关单位中经批准参照公务员法进行管理的工作人员。	本条表述未发生变化。
第三十九条　监察法第十五条第二项所称法律、法规授权或者受国家机关依法委托管理公共事务的组织中从事公务的人员，是指在上述组织中，除参照	**第四十二条**　监察法第十五条第二项所称法律、法规授权或者受国家机关依法委托管理公共事务的组织中从事公务的人员，是指在上述组织中，除参照	本条表述未发生变化。

修订前	修订后	知识点提醒（含简要修改说明）
公务员法管理的人员外，对公共事务履行组织、领导、管理、监督等职责的人员，包括具有公共事务管理职能的行业协会等组织中从事公务的人员，以及法定检验检测、检疫等机构中从事公务的人员。	公务员法管理的人员外，对公共事务履行组织、领导、管理、监督等职责的人员，包括具有公共事务管理职能的行业协会等组织中从事公务的人员，以及法定检验检测、检疫等机构中从事公务的人员。	
第四十条 监察法第十五条第三项所称国有企业管理人员，是指国家出资企业中的下列人员： （一）在国有独资、全资公司、企业中履行组织、领导、管理、监督等职责的人员； （二）经党组织或者国家机关，国有独资、全资公司、企业，事业单位提名、推荐、任命、批准等，在国有控股、参股公司及其分支机构中履行组织、领导、管理、监督等职责的人员；	**第四十三条** 监察法第十五条第三项所称国有企业管理人员，是指国家出资企业中的下列人员： （一）在国有独资、全资公司、企业中履行组织、领导、管理、监督等职责的人员； （二）经党组织或者国家机关，国有独资、全资公司、企业，事业单位提名、推荐、任命、批准等，在国有控股、参股公司及其分支机构中履行组织、领导、管理、监督等职责的人员；	本条表述未发生变化。

修订前	修订后	知识点提醒（含简要修改说明）
（三）经国家出资企业中负有管理、监督国有资产职责的组织批准或者研究决定，代表其在国有控股、参股公司及其分支机构中从事组织、领导、管理、监督等工作的人员。	（三）经国家出资企业中负有管理、监督国有资产职责的组织批准或者研究决定，代表其在国有控股、参股公司及其分支机构中从事组织、领导、管理、监督等工作的人员。	
第四十一条 监察法第十五条第四项所称公办的教育、科研、文化、医疗卫生、体育等单位中从事管理的人员，是指国家为了社会公益目的，由国家机关举办或者其他组织利用国有资产举办的教育、科研、文化、医疗卫生、体育等事业单位中，从事组织、领导、管理、监督等工作的人员。	**第四十四条** 监察法第十五条第四项所称公办的教育、科研、文化、医疗卫生、体育等单位中从事管理的人员，是指国家为了社会公益目的，由国家机关举办或者其他组织利用国有资产举办的教育、科研、文化、医疗卫生、体育等事业单位中，从事组织、领导、管理、监督等工作的人员。	本条表述未发生变化。国家机关、国有事业企业中司机、打印员等从事劳务的工勤人员，通常不属于监察对象。但是，如果受单位委派临时行使公权力，则属于监察对象。
第四十二条 监察法第十五条第五项所称基层群众性自治组织中从事管理的人员，是指该组织中的下列人员： （一）从事集体事务和公益事业管理的人员；	**第四十五条** 监察法第十五条第五项所称基层群众性自治组织中从事管理的人员，是指该组织中的下列人员： （一）从事集体事务和公益事业管理的人员；	本条表述未发生变化。《农村基层干部廉洁履行职责规定》第三条对农村基层干部的范围作出了界定，请注意学习。

修订前	修订后	知识点提醒 (含简要修改说明)
（二）从事集体资金、资产、资源管理的人员； （三）协助人民政府从事行政管理工作的人员，包括从事救灾、防疫、抢险、防汛、优抚、帮扶、移民、救济款物的管理，社会捐助公益事业款物的管理，国有土地的经营和管理，土地征收、征用补偿费用的管理，代征、代缴税款，有关计划生育、户籍、征兵工作，协助人民政府等国家机关在基层群众性自治组织中从事的其他管理工作。	（二）从事集体资金、资产、资源管理的人员； （三）协助人民政府从事行政管理工作的人员，包括从事救灾、防疫、抢险、防汛、优抚、帮扶、移民、救济款物的管理，社会捐助公益事业款物的管理，国有土地的经营和管理，土地征收、征用补偿费用的管理，代征、代缴税款，有关计划生育、户籍、征兵工作，协助人民政府等国家机关在基层群众性自治组织中从事的其他管理工作。	
第四十三条 下列人员属于监察法第十五条第六项所称其他依法履行公职的人员： （一）履行人民代表大会职责的各级人民代表大会代表，履行公职的中国人民政治协商会议各级委员会委员、人民陪审员、人民监督员； （二）虽未列入党政机关人员编制，	**第四十六条** 下列人员属于监察法第十五条第六项所称其他依法履行公职的人员： （一）履行人民代表大会职责的各级人民代表大会代表，履行公职的中国人民政治协商会议各级委员会委员、人民陪审员、人民监督员； （二）虽未列入党政机关人员编制，	本条表述未发生变化。

修订前	修订后	知识点提醒 (含简要修改说明)
但在党政机关中从事公务的人员； （三）在集体经济组织等单位、组织中，由党组织或者国家机关，国有独资、全资公司、企业，国家出资企业中负有管理监督国有和集体资产职责的组织、事业单位提名、推荐、任命、批准等，从事组织、领导、管理、监督等工作的人员； （四）在依法组建的评标、谈判、询价等组织中代表国家机关，国有独资、全资公司、企业，事业单位，人民团体临时履行公共事务组织、领导、管理、监督等职责的人员； （五）其他依法行使公权力的人员。	但在党政机关中从事公务的人员； （三）在集体经济组织等单位、组织中，由党组织或者国家机关，国有独资、全资公司、企业，国家出资企业中负有管理监督国有和集体资产职责的组织、事业单位提名、推荐、任命、批准等，从事组织、领导、管理、监督等工作的人员； （四）在依法组建的评标、谈判、询价等组织中代表国家机关，国有独资、全资公司、企业，事业单位，人民团体临时履行公共事务组织、领导、管理、监督等职责的人员； （五）其他依法行使公权力的人员。	
第四十四条 有关机关、单位、组织集体作出的决定违法或者实施违法行为的，监察机关应当对负有责任的领导	**第四十七条** 有关机关、单位、组织集体作出的决定违法或者实施违法行为的，监察机关应当对负有责任的领导	本条表述未发生变化。

修订前	修订后	知识点提醒（含简要修改说明）
人员和直接责任人员中的公职人员依法追究法律责任。	人员和直接责任人员中的公职人员依法追究法律责任。	
第二节 管 辖	第二节 管 辖	
第四十五条 监察机关开展监督、调查、处置，按照管理权限与属地管辖相结合的原则，实行分级负责制。	**第四十八条** 监察机关开展监督、调查、处置，按照管理权限与属地管辖相结合的原则，实行分级负责制。	本条表述未发生变化。【关联规定】《中国共产党纪律检查机关监督执纪工作规则》第七条、第八条
第四十六条 设区的市级以上监察委员会按照管理权限，依法管辖同级党委管理的公职人员涉嫌职务违法和职务犯罪案件。 县级监察委员会和直辖市所辖区（县）监察委员会按照管理权限，依法管辖本辖区内公职人员涉嫌职务违法和职务犯罪案件。 地方各级监察委员会按照本条例第十三条、**第四十九条**规定，可以依法管	**第四十九条** 设区的市级以上监察委员会按照管理权限，依法管辖同级党委管理的公职人员涉嫌职务违法和职务犯罪案件。 县级监察委员会和直辖市所辖区（县）监察委员会按照管理权限，依法管辖本辖区内公职人员涉嫌职务违法和职务犯罪案件。 地方各级监察委员会按照本条例第十三条、**第五十二条**规定，可以依法管	本条第四款中的两处表述"并进行调查处置"均系新增内容。

修订前	修订后	知识点提醒（含简要修改说明）
辖工作单位在本辖区内的有关公职人员涉嫌职务违法和职务犯罪案件。 　　监察机关调查公职人员涉嫌职务犯罪案件，可以依法对涉嫌行贿犯罪、介绍贿赂犯罪或者共同职务犯罪的涉案人员中的非公职人员一并管辖。非公职人员涉嫌利用影响力受贿罪的，按照其所利用的公职人员的管理权限确定管辖。	辖工作单位在本辖区内的有关公职人员涉嫌职务违法和职务犯罪案件。 　　监察机关调查公职人员涉嫌职务犯罪案件，可以依法对涉嫌行贿犯罪、介绍贿赂犯罪或者共同职务犯罪的涉案人员中的非公职人员一并管辖**并进行调查处置**。非公职人员涉嫌利用影响力受贿罪的，**监察机关**按照其所利用的公职人员的管理权限确定管辖**并进行调查处置**。	
第四十七条　上级监察机关对于下一级监察机关管辖范围内的职务违法和职务犯罪案件，具有下列情形之一的，可以依法提级管辖： 　　（一）在本辖区有重大影响的； 　　（二）涉及多个下级监察机关管辖的监察对象，调查难度大的； 　　（三）其他需要提级管辖的重大、复杂案件。	**第五十条**　上级监察机关对于下一级监察机关管辖范围内的职务违法和职务犯罪案件，具有下列情形之一的，可以依法提级管辖： 　　（一）在本辖区有重大影响的； 　　（二）涉及多个下级监察机关管辖的监察对象，调查难度大的； 　　（三）其他需要提级管辖的重大、复杂案件。	本条表述未发生变化。

修订前	修订后	知识点提醒（含简要修改说明）
上级监察机关对于所辖各级监察机关管辖范围内有重大影响的案件，必要时可以依法直接调查或者组织、指挥、参与调查。 　　地方各级监察机关所管辖的职务违法和职务犯罪案件，具有第一款规定情形的，可以依法报请上一级监察机关管辖。	上级监察机关对于所辖各级监察机关管辖范围内有重大影响的案件，必要时可以依法直接调查或者组织、指挥、参与调查。 　　地方各级监察机关所管辖的职务违法和职务犯罪案件，具有第一款规定情形的，可以依法报请上一级监察机关管辖。	
第四十八条　上级监察机关可以依法将其所管辖的案件指定下级监察机关管辖。 　　设区的市级监察委员会将同级党委管理的公职人员涉嫌职务违法或者职务犯罪案件指定下级监察委员会管辖的，应当报省级监察委员会批准；省级监察委员会将同级党委管理的公职人员涉嫌职务违法或者职务犯罪案件指定下级监	**第五十一条**　上级监察机关可以依法将其所管辖的案件指定下级监察机关管辖。 　　设区的市级监察委员会将同级党委管理的公职人员涉嫌职务违法或者职务犯罪案件指定下级监察委员会管辖的，应当报<u>请</u>省级监察委员会批准；省级监察委员会将同级党委管理的公职人员涉嫌职务违法或者职务犯罪案件指定下级监	本条列举了指定管辖的四种情形。指定管辖需要综合考虑被调查人的涉嫌职务违法和职务犯罪行为主要发生地、主要任职地、出生地、成长地、主要涉案单位和涉案人所在地以及被指定的监察机关办案力量、办案场所、留置

修订前	修订后	知识点提醒（含简要修改说明）
察委员会管辖的，应当报国家监察委员会相关监督检查部门备案。 上级监察机关对于下级监察机关管辖的职务违法和职务犯罪案件，具有下列情形之一，认为由其他下级监察机关管辖更为适宜的，可以依法指定给其他下级监察机关管辖： （一）管辖有争议的； （二）指定管辖有利于案件公正处理的； （三）下级监察机关报请指定管辖的； （四）其他有必要指定管辖的。 被指定的下级监察机关未经指定管辖的监察机关批准，不得将案件再行指定管辖。发现新的职务违法或者职务犯罪线索，以及其他重要情况、重大问题，应当及时向指定管辖的监察机关请示报告。	察委员会管辖的，应当**报送**国家监察委员会相关监督检查部门备案。 上级监察机关对于下级监察机关管辖的职务违法和职务犯罪案件，具有下列情形之一，认为由其他下级监察机关管辖更为适宜的，可以依法指定给其他下级监察机关管辖： （一）管辖有争议的； （二）指定管辖有利于案件公正处理的； （三）下级监察机关报请指定管辖的； （四）其他有必要指定管辖的。 被指定的下级监察机关未经指定管辖的监察机关批准，不得将案件再行指定管辖。发现新的职务违法或者职务犯罪线索，以及其他重要情况、重大问题，应当及时向指定管辖的监察机关请示报告。	场所、交通条件等因素，确保案件得到公平公正的处理。 若发现新的职务违法或者职务犯罪线索，被指定管辖的监察机关不能自行决定调查处理，要遵循重大事项请示报告的规定。

修订前	修订后	知识点提醒（含简要修改说明）
第四十九条 工作单位在地方、管理权限在主管部门的公职人员涉嫌职务违法和职务犯罪，一般由驻在主管部门、有管辖权的监察机构、监察专员管辖；经协商，监察机构、监察专员可以按规定移交公职人员工作单位所在地的地方监察委员会调查，或者与地方监察委员会联合调查。地方监察委员会在工作中发现上述公职人员有关问题线索，应当向驻在主管部门、有管辖权的监察机构、监察专员通报，并协商确定管辖。 前款规定单位的其他公职人员涉嫌职务违法和职务犯罪，可以由地方监察委员会管辖；驻在主管部门的监察机构、监察专员自行立案调查的，应当及时通报地方监察委员会。	**第五十二条** 工作单位在地方、管理权限在主管部门的公职人员涉嫌职务违法和职务犯罪，一般由驻在主管部门、有管辖权的监察机构、监察专员管辖；经协商，监察机构、监察专员可以按规定移交公职人员工作单位所在地的地方监察委员会调查，或者与地方监察委员会联合调查。地方监察委员会在工作中发现上述公职人员有关问题线索，应当向驻在主管部门、有管辖权的监察机构、监察专员通报，并协商确定管辖。 前款规定单位的其他公职人员涉嫌职务违法的，可以由公职人员工作单位所在地的地方监察委员会管辖。涉嫌职务犯罪的，一般由公职人员工作单位所在地的地方监察委员会管辖；因涉及主	本条第二款中在"地方监察委员会"前加限定语"公职人员工作单位所在地"，表述更加精准，方便实践操作。"因涉及主管部门管理的公职人员等特殊情形，驻在主管部门的监察机构、监察专员认为由自己管辖或者其他地方监察委员会管辖更为适宜的，经与公职人员工作单位所在地的地方监察委员会协商，可以自行调查或者依法办理指定管辖"系新增表述。 第三款中，"按程序"系新增表述。"通报相关

修订前	修订后	知识点提醒（含简要修改说明）
地方监察委员会调查前两款规定案件，应当将立案、留置、移送审查起诉、撤销案件等重要情况向驻在主管部门的监察机构、监察专员通报。	管部门管理的公职人员等特殊情形，驻在主管部门的监察机构、监察专员认为由自己管辖或者其他地方监察委员会管辖更为适宜的，经与公职人员工作单位所在地的地方监察委员会协商，可以自行调查或者依法办理指定管辖。 地方监察委员会调查前两款规定案件，应当**按程序**将立案、留置、移送审查起诉、撤销案件等重要情况**通报相关监察机构、监察专员**。	监察机构、监察专员"取代原表述"向驻在主管部门的监察机构、监察专员通报"。
第五十条 监察机关办理案件中涉及无隶属关系的其他监察机关的监察对象，认为需要立案调查的，应当商请有管理权限的监察机关依法立案调查。商请立案时，应当提供涉案人员基本情况、已经查明的涉嫌违法犯罪事实以及相关证据材料。	**第五十三条** 监察机关办理案件中涉及无隶属关系的其他监察机关的监察对象，认为需要立案调查的，应当商请有管理权限的监察机关依法立案调查。商请立案时，应当提供涉案人员基本情况、已经查明的涉嫌违法犯罪事实以及相关证据材料。	本条表述未发生变化。

修订前	修订后	知识点提醒（含简要修改说明）
承办案件的监察机关认为由其一并调查更为适宜的，可以报请有权决定的上级监察机关指定管辖。	承办案件的监察机关认为由其一并调查更为适宜的，可以报请有权决定的上级监察机关指定管辖。	
第五十一条 公职人员既涉嫌贪污贿赂、失职渎职等严重职务违法和职务犯罪，又涉嫌公安机关、人民检察院等机关管辖的犯罪，依法由监察机关为主调查的，应当由监察机关和其他机关分别依职权立案，监察机关承担组织协调职责，协调调查和侦查工作进度、重要调查和侦查措施使用等重要事项。	**第五十四条** 公职人员既涉嫌贪污贿赂、失职渎职等严重职务违法和职务犯罪，又涉嫌公安机关、人民检察院等机关管辖的犯罪，依法由监察机关为主调查的，应当由监察机关和其他机关分别依职权立案，监察机关承担组织协调职责，协调调查和侦查工作进度、重要调查和侦查措施使用等重要事项。	本条表述未发生变化。由监察机关"为主调查"并不意味着监察机关可以一体调查公职人员涉嫌的全部犯罪问题，直接替代办理其他机关职能管辖权限范围内的案件。从操作层面而言，《条例》的上述规定，立足监察机关行使监察调查权，检察机关等其他机关行使刑事侦查权，有效避免监察调查程序不适用刑事诉讼程序、取证主体不适格导致证据能力受质疑等问题。

修订前	修订后	知识点提醒 (含简要修改说明)
第五十二条 监察机关必要时可以依法调查司法工作人员利用职权实施的涉嫌非法拘禁、刑讯逼供、非法搜查等侵犯公民权利、损害司法公正的犯罪，并在立案后及时通报同级人民检察院。 监察机关在调查司法工作人员涉嫌贪污贿赂等职务犯罪中，可以对其涉嫌的前款规定的犯罪一并调查，并及时通报同级人民检察院。人民检察院在办理直接受理侦查的案件中，发现犯罪嫌疑人同时涉嫌监察机关管辖的其他职务犯罪，经沟通全案移送监察机关管辖的，监察机关应当依法进行调查。	**第五十五条** 监察机关必要时可以依法调查司法工作人员利用职权实施的涉嫌非法拘禁、刑讯逼供、非法搜查等侵犯公民权利、损害司法公正的犯罪，并在立案后及时通报同级人民检察院。 监察机关在调查司法工作人员涉嫌贪污贿赂等职务犯罪中，可以对其涉嫌的前款规定的犯罪一并调查，并及时通报同级人民检察院。人民检察院在办理直接受理侦查的案件中，发现犯罪嫌疑人同时涉嫌监察机关管辖的其他职务犯罪，经沟通全案移送监察机关管辖的，监察机关应当依法进行调查。	本条表述未发生变化。 检察机关直接进行立案侦查的14个罪名：非法拘禁罪；非法搜查罪；刑讯逼供罪；暴力取证罪；虐待被监管人罪；滥用职权罪；玩忽职守罪；徇私枉法罪；民事、行政枉法裁判罪；执行判决、裁定失职罪；执行判决、裁定滥用职权罪；私放在押人员罪；失职致使在押人员脱逃罪；徇私舞弊减刑、假释、暂予监外执行罪。

修订前	修订后	知识点提醒 (含简要修改说明)
第五十三条 监察机关对于退休公职人员在退休前或者退休后，或者离职、死亡的公职人员在履职期间实施的涉嫌职务违法或者职务犯罪行为，可以依法进行调查。 对前款规定人员，按照其原任职务的管辖规定确定管辖的监察机关；由其他监察机关管辖更为适宜的，可以依法指定或者交由其他监察机关管辖。	**第五十六条** 监察机关对于退休公职人员在退休前或者退休后，或者离职、死亡的公职人员在履职期间实施的涉嫌职务违法或者职务犯罪行为，可以依法进行调查。 对前款规定人员，按照其原任职务的管辖规定确定管辖的监察机关；由其他监察机关管辖更为适宜的，可以依法指定或者交由其他监察机关管辖。	本条表述未发生变化。
第四章 监察权限	**第四章 监察权限**	
第一节 一般要求	第一节 一般要求	
第五十四条 监察机关应当加强监督执法调查工作规范化建设，严格按规定对监察措施进行审批和监管，依照法	**第五十七条** 监察机关应当加强监督执法调查工作规范化建设，严格按规定对监察措施进行审批和监管，依照法	本条表述未发生变化。

修订前	修订后	知识点提醒 (含简要修改说明)
定的范围、程序和期限采取相关措施，出具、送达法律文书。	定的范围、程序和期限采取相关措施，出具、送达法律文书。	
	第五十八条 监察机关应当根据开展监督执法调查工作的需要、涉嫌职务违法或者职务犯罪行为的严重程度、监察措施适用对象与案件的关联程度，以及采取监察措施的紧急程度等情况，合理确定采取监察措施的对象、种类和期限，不得超过必要限度。禁止违反规定滥用监察措施。	本条系新增内容。
第五十五条 监察机关在初步核实中，可以依法采取谈话、询问、查询、调取、勘验检查、鉴定措施；立案后可以采取讯问、留置、冻结、搜查、查封、扣押、通缉措施。需要采取技术调查、限制出境措施的，应当按照规定交	第五十九条 监察机关在初步核实中，可以依法采取谈话、询问、查询、调取、勘验检查、**调查实验**、鉴定措施；立案后可以采取讯问、**强制到案、责令候查、管护**、留置、**禁闭**、冻结、搜查、查封、扣押、通缉措施。发现存	本条第一款中"调查实验、强制到案、责令候查、管护、禁闭""发现存在逃跑、自杀等重大安全风险，在立案前依法对监察法第二十五条第一款

· 39 ·

修订前	修订后	知识点提醒（含简要修改说明）
有关机关依法执行。设区的市级以下监察机关在初步核实中不得采取技术调查措施。 　　开展问责调查，根据具体情况可以依法采取相关监察措施。	**在逃跑、自杀等重大安全风险，在立案前依法对监察法第二十五条第一款第一项、第二项规定的人员采取管护措施的，符合立案条件的应当及时立案。**需要采取技术调查、限制出境措施的，应当按照规定交有关机关依法执行。设区的市级以下监察机关在初步核实中不得采取技术调查措施。**监察机关采取谈话、函询方式处置问题线索的，适用监察法和本条例关于采取该两项措施的相关规定。** 　　开展问责调查，根据具体情况可以依法采取相关监察措施。	第一项、第二项规定的人员采取管护措施的，符合立案条件的应当及时立案""监察机关采取谈话、函询方式处置问题线索的，适用监察法和本条例关于采取该两项措施的相关规定"均系新增表述。
第五十六条　开展讯问、搜查、查封、扣押以及重要的谈话、询问等调查取证工作，应当全程同步录音录像，并保持录音录像资料的完整性。录音录像资料应当妥善保管、及时归档，留存备查。	**第六十条**　开展讯问、搜查、查封、扣押以及重要的谈话、询问等调查取证工作，应当全程同步录音录像，并保持录音录像资料的完整性。 　　**对谈话、讯问、询问进行同步录音**	本条第二款系新增内容。 　　第三款中"监察机关案件监督管理部门应当开展常态化检查"系新增表

修订前	修订后	知识点提醒 （含简要修改说明）
人民检察院、人民法院需要调取同步录音录像的，监察机关应当予以配合，经审批依法予以提供。	录像的，谈话笔录、讯问笔录、询问笔录记载的起止时间应当与录音录像资料反映的起止时间一致。谈话笔录、讯问笔录、询问笔录内容应当与录音录像资料内容相符。 同步录音录像资料应当妥善保管、及时归档，留存备查。监察机关案件监督管理部门应当开展常态化检查。人民检察院、人民法院需要调取同步录音录像的，监察机关应当依法予以提供。	述。删除了"予以配合，经审批"的表述。
第五十七条 需要商请其他监察机关协助收集证据材料的，应当依法出具《委托调查函》；商请其他监察机关对采取措施提供一般性协助的，应当依法出具《商请协助采取措施函》。商请协助事项涉及协助地监察机关管辖的监察对象的，应当由协助地监察机关按照所涉	**第六十一条** 需要商请其他监察机关协助收集证据材料的，应当依法出具《委托调查函》；商请其他监察机关对采取措施提供一般性协助的，应当依法出具《商请协助采取措施函》。商请协助事项涉及协助地监察机关管辖的监察对象的，应当由协助地监察机关按照所涉	本条表述未发生变化。

修订前	修订后	知识点提醒 (含简要修改说明)
人员的管理权限报批。协助地监察机关对于协助请求，应当依法予以协助配合。	人员的管理权限报批。协助地监察机关对于协助请求，应当依法予以协助配合。	
第五十八条 采取监察措施需要告知、通知相关人员的，应当依法办理。告知包括口头、书面两种方式，通知应当采取书面方式。采取口头方式告知的，应当将相关情况制作工作记录；采取书面方式告知、通知的，可以通过直接送交、邮寄、转交等途径送达，将有关回执或者凭证附卷。 无法告知、通知，或者相关人员拒绝接收的，调查人员应当在工作记录或者有关文书上记明。	**第六十二条** 采取、**解除或者变更**监察措施需要告知、通知相关人员的，应当依法办理。告知包括口头、书面两种方式，**除本条例另有规定外**，通知应当采取书面方式。采取口头方式告知、**通知**的，应当将相关情况制作工作记录；采取书面方式告知、通知的，可以通过直接送交、邮寄、转交等途径送达，将有关回执或者凭证附卷。 无法告知、通知，或者相关人员拒绝接收的，调查人员应当在工作记录或者有关文书上记明。	解除或变更监察措施也需要告知、通知相关人员，如《条例》第一百一十九条第三款规定，解除管护措施或者变更为责令候查措施的，应当及时通知被管护人员所在单位和家属、申请人。《条例》第一百三十四条第三款规定，解除留置措施或者变更为责令候查措施的，应当及时通知被留置人员所在单位和家属、申请人。

修订前	修订后	知识点提醒 (含简要修改说明)
	第六十三条　监察机关采取监察措施，依法需要见证人在场的，应当邀请合适的见证人在场。下列人员不得担任见证人： （一）生理上、精神上有缺陷或者未成年，不具有相应辨别能力或者不能正确表达的人； （二）与案件有利害关系，可能影响案件公正处理的人； （三）监察机关的工作人员或者其聘用的人员； （四）依法协助监察机关采取监察措施的工作人员。	本条系新增内容。 本条系2021年《条例》第一百一十三条第二款（搜查时，应当有被搜查人或者其家属、其所在单位工作人员或者其他见证人在场。监察人员不得作为见证人）演变、细化而来。监察机关采取监察措施时，不仅监察人员不得作为见证人，具有本条第一项、第二项、第四项情形的，也不得作为见证人。
	第六十四条　监察机关依法变更强制到案、责令候查、管护、留置以及禁闭等监察强制措施的，原监察强制措施自监察机关采取新的监察强制措施之时自动解除。	本条系新增内容。

修订前	修订后	知识点提醒（含简要修改说明）
	第六十五条 县级以上监察机关需要提请公安机关协助采取强制到案、责令候查、管护、留置、搜查措施的，应当按规定报批，请同级公安机关依法予以协助。提请协助时，应当出具提请协助函，列明提请协助的具体事项和建议，协助采取措施的时间、地点等内容，附采取监察措施决定书复印件。 因保密需要，不宜在采取监察措施前向公安机关告知采取措施对象姓名的，可以作出说明，进行保密处理。 需要提请异地公安机关协助采取监察措施的，应当按规定报批，向协作地同级监察机关出具协作函件和相关文书，由协作地监察机关提请当地公安机关依法予以协助。	*本条系2021年《条例》第九十九条、第一百一十五条整合而来。在留置、搜查等调查强制措施基础上又新增了强制到案、责令候查、管护等内容。*

修订前	修订后	知识点提醒 (含简要修改说明)
第二节　证　据	第二节　证　据	
第五十九条　可以用于证明案件事实的材料都是证据，包括： （一）物证； （二）书证； （三）证人证言； （四）被害人陈述； （五）被调查人陈述、供述和辩解； （六）鉴定意见； （七）勘验检查、辨认、调查实验等笔录； （八）视听资料、电子数据。 　　监察机关向有关单位和个人收集、调取证据时，应当告知其必须依法如实提供证据。对于不按要求提供有关材料，泄露相关信息，伪造、隐匿、毁灭证据，提供虚假情况或者阻止他人提供证据的，依法追究法律责任。	**第六十六条**　可以用于证明案件事实的材料都是证据，包括： （一）物证； （二）书证； （三）证人证言； （四）被害人陈述； （五）被调查人陈述、供述和辩解； （六）鉴定意见； （七）勘验检查、辨认、调查实验等笔录； （八）视听资料、电子数据。 　　监察机关向有关单位和个人收集、调取证据时，应当告知其必须依法如实提供证据。对于不按要求提供有关材料，泄露相关信息，伪造、隐匿、毁灭证据，提供虚假情况或者阻止他人提供证据的，依法追究法律责任。	本条表述未发生变化。 "鉴定意见"属于证据种类之一，正确表述是"鉴定意见"，而非"鉴定结论"。 "电子数据"属于证据种类之一，正确表述是"电子数据"，而非"电子证据"。

修订前	修订后	知识点提醒 (含简要修改说明)
监察机关依照监察法和本条例规定收集的证据材料，经审查符合法定要求的，在刑事诉讼中可以作为证据使用。	监察机关依照监察法和本条例规定收集的证据材料，经审查符合法定要求的，在刑事诉讼中可以作为证据使用。	
第六十条 监察机关认定案件事实应当以证据为根据，全面、客观地收集、固定被调查人有无违法犯罪以及情节轻重的各种证据，形成相互印证、完整稳定的证据链。 只有被调查人陈述或者供述，没有其他证据的，不能认定案件事实；没有被调查人陈述或者供述，证据符合法定标准的，可以认定案件事实。	**第六十七条** 监察机关认定案件事实应当以证据为根据，全面、客观地收集、固定被调查人有无违法犯罪以及情节轻重的各种证据，形成相互印证、完整稳定的证据链。 只有被调查人陈述或者供述，没有其他证据的，不能认定案件事实；没有被调查人陈述或者供述，证据符合法定标准的，可以认定案件事实。	本条表述未发生变化。
第六十一条 证据必须经过查证属实，才能作为定案的根据。审查认定证据，应当结合案件的具体情况，从证据与待证事实的关联程度、各证据之间的联系、是否依照法定程序收集等方面进行综合判断。	**第六十八条** 证据必须经过查证属实，才能作为定案的根据。审查认定证据，应当结合案件的具体情况，从证据与待证事实的关联程度、各证据之间的联系、是否依照法定程序收集等方面进行综合判断。	本条表述未发生变化。

修订前	修订后	知识点提醒 (含简要修改说明)
第六十二条 监察机关调查终结的职务违法案件，应当事实清楚、证据确凿。证据确凿，应当符合下列条件： （一）定性处置的事实都有证据证实； （二）定案证据真实、合法； （三）据以定案的证据之间不存在无法排除的矛盾； （四）综合全案证据，所认定事实清晰且令人信服。	第六十九条 监察机关调查终结的职务违法案件，应当事实清楚、证据确凿。证据确凿，应当符合下列条件： （一）定性处置的事实都有证据证实； （二）定案证据真实、合法； （三）据以定案的证据之间不存在无法排除的矛盾； （四）综合全案证据，所认定事实清晰且令人信服。	本条表述未发生变化。职务犯罪案件的证据标准要高于职务违法案件的证据标准。
第六十三条 监察机关调查终结的职务犯罪案件，应当事实清楚，证据确实、充分。证据确实、充分，应当符合下列条件： （一）定罪量刑的事实都有证据证明； （二）据以定案的证据均经法定程	第七十条 监察机关调查终结的职务犯罪案件，应当事实清楚，证据确实、充分。证据确实、充分，应当符合下列条件： （一）定罪量刑的事实都有证据证明； （二）据以定案的证据均经法定程	本条表述未发生变化。职务违法的证据标准是"证据确凿"，职务犯罪的证据标准是"证据确实、充分"。相比之下，职务犯罪的证据标准高于职务违法的证据标准，这

修订前	修订后	知识点提醒（含简要修改说明）
序查证属实； （三）综合全案证据，对所认定事实已排除合理怀疑。 证据不足的，不得移送人民检察院审查起诉。	序查证属实； （三）综合全案证据，对所认定事实已排除合理怀疑。 证据不足的，不得移送人民检察院审查起诉。	是因为职务违法案件通常不采取限制人身自由的措施，取证手段相对有限，影响公职人员的职业发展权。监察机关办理职务犯罪案件，通常会采取监察调查措施，取证手段相对丰富，对其作出更高的要求有利于保障被追究刑事责任的公职人员的人身权、财产权等权益。
第六十四条 严禁以暴力、威胁、引诱、欺骗以及非法限制人身自由等非法方法收集证据，严禁侮辱、打骂、虐待、体罚或者变相体罚被调查人、涉案人员和证人。	**第七十一条 调查人员应当依法文明规范开展调查工作。**严禁以暴力、威胁、引诱、欺骗以及非法限制人身自由等非法方法收集证据，严禁侮辱、打骂、虐待、体罚或者变相体罚被调查人、	本条第一款"调查人员应当依法文明规范开展调查工作"系新增内容。 本条第二款系2021年《条例》第一百条规定演

· 48 ·

修订前	修订后	知识点提醒（含简要修改说明）
	涉案人员和证人。 监察机关应当保障被强制到案人员、被管护人员、被留置人员以及被禁闭人员的合法权益，尊重其人格和民族习俗，保障饮食、休息和安全，提供医疗服务。	化而来，新增"被强制到案人员、被管护人员以及被禁闭人员"表述，体现了监察机关尊重和保障人权的理念。
第六十五条　对于调查人员采用暴力、威胁以及非法限制人身自由等非法方法收集的被调查人供述、证人证言、被害人陈述，应当依法予以排除。 前款所称暴力的方法，是指采用殴打、违法使用戒具等方法或者变相肉刑的恶劣手段，使人遭受难以忍受的痛苦而违背意愿作出供述、证言、陈述；威胁的方法，是指采用以暴力或者严重损害本人及其近亲属合法权益等进行威胁的方法，使人遭受难以忍受的痛苦而违背意愿作出供述、证言、陈述。	第七十二条　对于调查人员采用暴力、威胁以及非法限制人身自由等非法方法收集的被调查人供述、证人证言、被害人陈述，应当依法予以排除。 前款所称暴力的方法，是指采用殴打、违法使用戒具等方法或者变相肉刑的恶劣手段，使人遭受难以忍受的痛苦而违背意愿作出供述、证言、陈述；威胁的方法，是指采用以暴力或者严重损害本人及其近亲属合法权益等进行威胁的方法，使人遭受难以忍受的痛苦而违背意愿作出供述、证言、陈述。	本条表述未发生变化。 本条规定了非法言辞证据与非法实物证据不同的排除标准，对收集物证、书证不符合法定程序严重影响案件公正处理的，首选补救措施是补正或者作出合理解释。

修订前	修订后	知识点提醒 （含简要修改说明）
收集物证、书证不符合法定程序，可能严重影响案件公正处理的，应当予以补正或者作出合理解释；不能补正或者作出合理解释的，对该证据应当予以排除。	收集物证、书证不符合法定程序，可能严重影响案件公正处理的，应当予以补正或者作出合理解释；不能补正或者作出合理解释的，对该证据应当予以排除。	
第六十六条 监察机关监督检查、调查、案件审理、案件监督管理等部门发现监察人员在办理案件中，可能存在以非法方法收集证据情形的，应当依据职责进行调查核实。对于被调查人控告、举报调查人员采用非法方法收集证据，并提供涉嫌非法取证的人员、时间、地点、方式和内容等材料或者线索的，应当受理并进行审核。根据现有材料无法证明证据收集合法性的，应当进行调查核实。	第七十三条 监察机关监督检查、调查、案件审理、案件监督管理等部门发现监察人员在办理案件中，可能存在以非法方法收集证据情形的，应当依据职责进行调查核实。对于被调查人控告、举报调查人员采用非法方法收集证据，并提供涉嫌非法取证的人员、时间、地点、方式和内容等材料或者线索的，应当受理并进行审核。根据现有材料无法证明证据收集合法性的，应当进行调查核实。	本条表述未发生变化。 本条规定了非法证据的发现方式有两种：一是办案时发现，二是被调查人控告、举报。

修订前	修订后	知识点提醒 (含简要修改说明)
经调查核实，确认或者不能排除以非法方法收集证据的，对有关证据依法予以排除，不得作为案件定性处置、移送审查起诉的依据。认定调查人员非法取证的，应当依法处理，另行指派调查人员重新调查取证。 监察机关接到对下级监察机关调查人员采用非法方法收集证据的控告、举报，可以直接进行调查核实，也可以交由下级监察机关调查核实。交由下级监察机关调查核实的，下级监察机关应当及时将调查结果报告上级监察机关。	经调查核实，确认或者不能排除以非法方法收集证据的，对有关证据依法予以排除，不得作为案件定性处置、移送审查起诉的依据。认定调查人员非法取证的，应当依法处理，另行指派调查人员重新调查取证。 监察机关接到对下级监察机关调查人员采用非法方法收集证据的控告、举报，可以直接进行调查核实，也可以交由下级监察机关调查核实。交由下级监察机关调查核实的，下级监察机关应当及时将调查结果报告上级监察机关。	
第六十七条 对收集的证据材料及扣押的财物应当妥善保管，严格履行交接、调用手续，定期对账核实，不得违规使用、调换、损毁或者自行处理。	**第七十四条** 对收集的证据材料及扣押的财物应当妥善保管，严格履行交接、调用手续，定期对账核实，不得违规使用、调换、损毁或者自行处理。	本条表述未发生变化。

修订前	修订后	知识点提醒（含简要修改说明）
第六十八条 监察机关对行政机关在行政执法和查办案件中收集的物证、书证、视听资料、电子数据，勘验、检查等笔录，以及鉴定意见等证据材料，经审查符合法定要求的，可以作为证据使用。 根据法律、行政法规规定行使国家行政管理职权的组织在行政执法和查办案件中收集的证据材料，视为行政机关收集的证据材料。	**第七十五条** 监察机关对行政机关在行政执法和查办案件中收集的物证、书证、视听资料、电子数据，勘验、检查等笔录，以及鉴定意见等证据材料，经审查符合法定要求的，可以作为证据使用。 根据法律、行政法规规定行使国家行政管理职权的组织在行政执法和查办案件中收集的证据材料，视为行政机关收集的证据材料。	本条表述未发生变化。
第六十九条 监察机关对人民法院、人民检察院、公安机关、国家安全机关等在刑事诉讼中收集的物证、书证、视听资料、电子数据，勘验、检查、辨认、侦查实验等笔录，以及鉴定意见等证据材料，经审查符合法定要求的，可以作为证据使用。	**第七十六条** 监察机关对人民法院、人民检察院、公安机关、国家安全机关等在刑事诉讼中收集的物证、书证、视听资料、电子数据，勘验、检查、辨认、侦查实验等笔录，以及鉴定意见等证据材料，经审查符合法定要求的，可以作为证据使用。	本条表述未发生变化。本条第二款规定的检察院不起诉包括相对不起诉、绝对不起诉、存疑不起诉。这里的"不起诉"，未明确是哪一种不起诉。

修订前	修订后	知识点提醒 (含简要修改说明)
监察机关办理职务违法案件，对于人民法院生效刑事判决、裁定和人民检察院不起诉决定采信的证据材料，可以直接作为证据使用。	监察机关办理职务违法案件，对于人民法院生效刑事判决、裁定和人民检察院不起诉决定采信的证据材料，可以直接作为证据使用。	
第三节 谈 话	第三节 谈 话	
第七十条 监察机关**在问题线索处置、初步核实和立案调查中，可以依法对涉嫌职务违法的监察对象**进行谈话，要求其如实说明情况或者作出陈述。 谈话应当个别进行。负责谈话的人员不得少于二人。	第七十七条 监察机关**对涉嫌职务违法的监察对象，可以依法**进行谈话，要求其如实说明情况或者作出陈述。 谈话应当个别进行。负责谈话的人员不得少于二人。	本条第一款删除了"在问题线索处置、初步核实和立案调查中"的表述。
第七十一条 对一般性问题线索的处置，可以采取谈话方式进行，对监察对象给予警示、批评、教育。谈话应当在**工作地点**等场所进行，明确告知谈话事项，注重谈清问题、取得教育效果。	第七十八条 对一般性问题线索的处置，可以采取谈话方式进行，对监察对象给予警示、批评、教育。谈话应当在**监察机关谈话场所、具备安全保障条件的工作地点**等场所进行，明确告知	《条例》对监察机关以谈话方式处置问题线索时的谈话地点要求予以细化，即要在监察机关谈话场所、具有安全保障条件的

修订前	修订后	知识点提醒（含简要修改说明）
	话事项，注重谈清问题、取得教育效果。	工作地点进行。
第七十二条 采取谈话方式处置问题线索的，经审批可以由监察人员或者委托被谈话人所在单位主要负责人等进行谈话。 监察机关谈话应当形成谈话笔录或者记录。谈话结束后，可以根据需要要求被谈话人在十五个工作日以内作出书面说明。被谈话人应当在书面说明每页签名，修改的地方也应当签名。 委托谈话的，受委托人应当在收到委托函后的十五个工作日以内进行谈话。谈话结束后及时形成谈话情况材料报送监察机关，必要时附被谈话人的书面说明。	**第七十九条** 采取谈话方式处置问题线索的，经审批可以由监察人员或者委托被谈话人所在单位主要负责人等进行谈话。 监察机关谈话应当形成谈话笔录或者记录。谈话结束后，可以根据需要要求被谈话人在十五个工作日以内作出书面说明。被谈话人应当在书面说明每页签名，修改的地方也应当签名。 委托谈话的，受委托人应当在收到委托函后的十五个工作日以内进行谈话。谈话结束后及时形成谈话情况材料报送监察机关，必要时附被谈话人的书面说明。	本条表述未发生变化。

修订前	修订后	知识点提醒 (含简要修改说明)
第七十三条 监察机关开展初步核实工作，一般不与被核查人接触；确有需要与被核查人谈话的，应当按规定报批。	**第八十条** 监察机关开展初步核实工作，一般不与被核查人接触；确有需要与被核查人谈话的，应当按规定报批。	本条表述未发生变化。
第七十四条 监察机关对涉嫌职务违法的被调查人立案后，可以依法进行谈话。 与被调查人首次谈话时，应当出示《被调查人权利义务告知书》，由其签名、捺指印。被调查人拒绝签名、捺指印的，调查人员应当在文书上记明。对于被调查人未被限制人身自由的，应当在首次谈话时出具《谈话通知书》。 与涉嫌严重职务违法的被调查人进行谈话的，应当全程同步录音录像，并告知被调查人。告知情况应当在录音录像中予以反映，并在笔录中记明。	**第八十一条** 监察机关对涉嫌职务违法的被调查人立案后，可以依法进行谈话。 与被调查人首次谈话时，应当出示《被调查人权利义务告知书》，由其签名、捺指印。被调查人拒绝签名、捺指印的，调查人员应当在文书上记明。对于被调查人未被限制人身自由的，应当在首次谈话时出具《谈话通知书》。 与涉嫌严重职务违法的被调查人进行谈话的，应当全程同步录音录像，并告知被调查人。告知情况应当在录音录像中予以反映，并在笔录中记明。	本条表述未发生变化。

修订前	修订后	知识点提醒 （含简要修改说明）
第七十五条 立案后，与未被限制人身自由的被调查人谈话的，应当在具备安全保障条件的场所进行。 调查人员按规定通知被调查人所在单位派员或者被调查人家属陪同被调查人到指定场所的，应当与陪同人员办理交接手续，填写《陪送交接单》。	**第八十二条** 立案后，与**被责令候查人员或者**未被限制人身自由的被调查人谈话的，应当在具备安全保障条件的场所进行。 调查人员按规定通知被调查人所在单位派员或者被调查人家属陪同被调查人到指定场所的，应当与陪同人员办理交接手续，填写《陪送交接单》。	第一款中的"被责令候查人员"系新增内容，用"在执行相关监察强制措施的场所"取代"留置"场所的表述。
第七十六条 调查人员与**被留置的被调查人**谈话的，按照法定程序在**留置**场所进行。 与在押的犯罪嫌疑人、被告人谈话的，应当持以监察机关名义出具的介绍信、工作证件，商请有关案件主管机关依法协助办理。 与在看守所、监狱服刑的人员谈话的，应当持以监察机关名义出具的介绍信、工作证件办理。	**第八十三条** 调查人员与**被强制到案人员、被管护人员、被留置人员或者被拘闭人员**谈话的，按照法定程序在**执行相关监察强制措施的**场所进行。 与在押的犯罪嫌疑人、被告人谈话的，应当持以监察机关名义出具的介绍信、工作证件，商请有关案件主管机关依法协助办理。 与在看守所、监狱服刑的人员谈话的，应当持以监察机关名义出具的介绍信、工作证件办理。	第一款中的"被强制到案人员、被管护人员或者被拘闭人员"系新增内容。用"在执行相关监察强制措施的场所"取代"留置"场所的表述。

修订前	修订后	知识点提醒 (含简要修改说明)
第七十七条 与被调查人进行谈话，应当合理安排时间、控制时长，保证其饮食和必要的休息时间。	**第八十四条** 与被调查人进行谈话，应当合理安排时间、控制时长，保证其饮食和必要的休息时间。	本条表述未发生变化。
第七十八条 谈话笔录应当在谈话现场制作。笔录应当详细具体，如实反映谈话情况。笔录制作完成后，应当交给被调查人核对。被调查人没有阅读能力的，应当向其宣读。 笔录记载有遗漏或者差错的，应当补充或者更正，由被调查人在补充或者更正处捺指印。被调查人核对无误后，应当在笔录中逐页签名、捺指印。被调查人拒绝签名、捺指印的，调查人员应当在笔录中记明。调查人员也应当在笔录中签名。	**第八十五条** 谈话笔录应当在谈话现场制作。笔录应当详细具体，如实反映谈话情况。笔录制作完成后，应当交给被调查人核对。被调查人没有阅读能力的，应当向其宣读。 笔录记载有遗漏或者差错的，应当补充或者更正，由被调查人在补充或者更正处捺指印。被调查人核对无误后，应当在笔录中逐页签名、捺指印。被调查人拒绝签名、捺指印的，调查人员应当在笔录中记明。调查人员也应当在笔录中签名。	本条表述未发生变化。

修订前	修订后	知识点提醒（含简要修改说明）
第七十九条 被调查人请求自行书写说明材料的，应当准许。必要时，调查人员可以要求被调查人自行书写说明材料。 被调查人应当在说明材料上逐页签名、捺指印，在末页写明日期。对说明材料有修改的，在修改之处应当捺指印。说明材料应当由二名调查人员接收，在首页记明接收的日期并签名。	**第八十六条** 被调查人请求自行书写说明材料的，应当准许。必要时，调查人员可以要求被调查人自行书写说明材料。 被调查人应当在说明材料上逐页签名、捺指印，在末页写明日期。对说明材料有修改的，在修改之处应当捺指印。说明材料应当由二名调查人员接收，在首页记明接收的日期并签名。	本条表述未发生变化。
第八十条 本条例**第七十四条至第七十九条**的规定，也适用于在初步核实中开展的谈话。	**第八十七条** 本条例**第八十一条至第八十六条**的规定，也适用于在初步核实中开展的谈话。	本条表述未发生实质性变化，仅对条文序号进行了更新。
第四节　讯　　问	第四节　讯　　问	
第八十一条 监察机关对涉嫌职务犯罪的被调查人，可以依法进行讯问，要求其如实供述涉嫌犯罪的情况。	**第八十八条** 监察机关对涉嫌职务犯罪的被调查人，可以依法进行讯问，要求其如实供述涉嫌犯罪的情况。	本条表述未发生变化。

修订前	修订后	知识点提醒 (含简要修改说明)
第八十二条 讯问被留置的被调查人，应当在留置场所进行。	**第八十九条** 讯问**被管护人员**、被留置**人员**，应当在留置场所进行。	"被管护人员"系新增内容。
第八十三条 讯问应当个别进行，调查人员不得少于二人。 首次讯问时，应当向被讯问人出示《被调查人权利义务告知书》，由其签名、捺指印。被讯问人拒绝签名、捺指印的，调查人员应当在文书上记明。被讯问人未被限制人身自由的，应当在首次讯问时向其出具《讯问通知书》。 讯问一般按照下列顺序进行： （一）核实被讯问人的基本情况，包括姓名、曾用名、出生年月日、户籍地、身份证件号码、民族、职业、政治面貌、文化程度、工作单位及职务、住所、家庭情况、社会经历，是否属于党代表大会代表、人大代表、政协委员，是否受到过党纪政务处分，是否受到过刑事处罚等；	**第九十条** 讯问应当个别进行，调查人员不得少于二人。 首次讯问时，应当向被讯问人出示《被调查人权利义务告知书》，由其签名、捺指印。被讯问人拒绝签名、捺指印的，调查人员应当在文书上记明。被讯问人未被限制人身自由的，应当在首次讯问时向其出具《讯问通知书》。 讯问一般按照下列顺序进行： （一）核实被讯问人的基本情况，包括姓名、曾用名、出生年月日、户籍地、身份证件号码、民族、职业、政治面貌、文化程度、工作单位及职务、住所、家庭情况、社会经历，是否属于党代表大会代表、人大代表、政协委员，是否受到过党纪政务处分，是否受到过刑事处罚等；	本条第五款系新增内容。

修订前	修订后	知识点提醒 (含简要修改说明)
（二）告知被讯问人如实供述自己罪行可以依法从宽处理和认罪认罚的法律规定； （三）讯问被讯问人是否有犯罪行为，让其陈述有罪的事实或者无罪的辩解，应当允许其连贯陈述。 调查人员的提问应当与调查的案件相关。被讯问人对调查人员的提问应当如实回答。调查人员对被讯问人的辩解，应当如实记录，认真查核。 讯问时，应当告知被讯问人将进行全程同步录音录像。告知情况应当在录音录像中予以反映，并在笔录中记明。	（二）告知被讯问人如实供述自己罪行可以依法从宽处理和认罪认罚的法律规定； （三）讯问被讯问人是否有犯罪行为，让其陈述有罪的事实或者无罪的辩解，应当允许其连贯陈述。 调查人员的提问应当与调查的案件相关。被讯问人对调查人员的提问应当如实回答。调查人员对被讯问人的辩解，应当如实记录，认真查核。 **发现涉嫌职务犯罪的被调查人自动投案、如实供述监察机关还未掌握的违法犯罪行为、揭发他人犯罪行为或者提供重要线索等，可能具有自首、立功等法定情节的，应当依法及时讯问。对某一具体涉嫌职务犯罪事实初步查清后，应当在全面梳理分析在案证据的基础上进行讯问。**	

修订前	修订后	知识点提醒 (含简要修改说明)
	讯问时，应当告知被讯问人将进行全程同步录音录像。告知情况应当在录音录像中予以反映，并在笔录中记明。	
第八十四条 本条例第七十五条至第七十九条的要求，也适用于讯问。	**第九十一条** 本条例第八十二条至第八十六条的要求，也适用于讯问。	本条对条文序号进行了更新。
第五节　询　　问	第五节　询　　问	
第八十五条 监察机关按规定报批后，可以依法对证人、被害人等人员进行询问，了解核实有关问题或者案件情况。	**第九十二条** 监察机关按规定报批后，可以依法对证人、被害人等人员进行询问，了解核实有关问题或者案件情况。	本条表述未发生变化。
第八十六条 证人未被限制人身自由的，可以在其工作地点、住所或者其提出的地点进行询问，也可以通知其到指定地点接受询问。到证人提出的地点或者调查人员指定的地点进行询问的，应当在笔录中记明。	**第九十三条** 证人未被限制人身自由的，可以在其工作地点、住所或者其提出的地点进行询问，也可以通知其到指定地点接受询问。到证人提出的地点或者调查人员指定的地点进行询问的，应当在笔录中记明。	本条表述未发生变化。

修订前	修订后	知识点提醒 (含简要修改说明)
调查人员认为有必要或者证人提出需要由所在单位派员或者其家属陪同到询问地点的，应当办理交接手续并填写《陪送交接单》。	调查人员认为有必要或者证人提出需要由所在单位派员或者其家属陪同到询问地点的，应当办理交接手续并填写《陪送交接单》。	
第八十七条 询问应当个别进行。负责询问的调查人员不得少于二人。 首次询问时，应当向证人出示《证人权利义务告知书》，由其签名、捺指印。证人拒绝签名、捺指印的，调查人员应当在文书上记明。证人未被限制人身自由的，应当在首次询问时向其出具《询问通知书》。 询问时，应当核实证人身份，问明证人的基本情况，告知证人应当如实提供证据、证言，以及作伪证或者隐匿证据应当承担的法律责任。不得向证人泄露案情，不得采用非法方法获取证言。	**第九十四条** 询问应当个别进行。负责询问的调查人员不得少于二人。 首次询问时，应当向证人出示《证人权利义务告知书》，由其签名、捺指印。证人拒绝签名、捺指印的，调查人员应当在文书上记明。证人未被限制人身自由的，应当在首次询问时向其出具《询问通知书》。 询问时，应当核实证人身份，问明证人的基本情况，告知证人应当如实提供证据、证言，以及作伪证或者隐匿证据应当承担的法律责任。不得向证人泄露案情，不得采用非法方法获取证言。	本条表述未发生变化。 对询问过程全程同步录音录像，有助于防止证人翻证，也是对调查人员的保护。

修订前	修订后	知识点提醒（含简要修改说明）
询问重大或者有社会影响案件的重要证人，应当对询问过程全程同步录音录像，并告知证人。告知情况应当在录音录像中予以反映，并在笔录中记明。	询问重大或者有社会影响案件的重要证人，应当对询问过程全程同步录音录像，并告知证人。告知情况应当在录音录像中予以反映，并在笔录中记明。	
第八十八条　询问未成年人，应当通知其法定代理人到场。无法通知或者法定代理人不能到场的，应当通知未成年人的其他成年亲属或者所在学校、居住地基层组织的代表等有关人员到场。询问结束后，由法定代理人或者有关人员在笔录中签名。调查人员应当将到场情况记录在案。 询问聋、哑人，应当有通晓聋、哑手势的人员参加。调查人员应当在笔录中记明证人的聋、哑情况，以及翻译人员的姓名、工作单位和职业。询问不通晓当地通用语言、文字的证人，应当有翻译人员。询问结束后，由翻译人员在笔录中签名。	第九十五条　询问未成年人，应当通知其法定代理人到场。无法通知或者法定代理人不能到场的，应当通知未成年人的其他成年亲属或者所在学校、居住地基层组织的代表等有关人员到场。询问结束后，由法定代理人或者有关人员在笔录中签名。调查人员应当将到场情况记录在案。 询问聋、哑人，应当有通晓聋、哑手势的人员参加。调查人员应当在笔录中记明证人的聋、哑情况，以及翻译人员的姓名、工作单位和职业。询问不通晓当地通用语言、文字的证人，应当有翻译人员。询问结束后，由翻译人员在笔录中签名。	本条表述未发生变化。

修订前	修订后	知识点提醒（含简要修改说明）
第八十九条 凡是知道案件情况的人，都有如实作证的义务。对故意提供虚假证言的证人，应当依法追究法律责任。 证人或者其他任何人不得帮助被调查人隐匿、毁灭、伪造证据或者串供，不得实施其他干扰调查活动的行为。	**第九十六条** 凡是知道案件情况的人，都有如实作证的义务。对故意提供虚假证言的证人，应当依法追究法律责任。 证人或者其他任何人不得帮助被调查人**伪造**、隐匿、毁灭证据或者串供，不得实施其他干扰调查活动的行为。	本条表述未发生变化。
第九十条 证人、鉴定人、被害人因作证，本人或者近亲属人身安全面临危险，向监察机关请求保护的，监察机关应当受理并及时进行审查；对于确实存在人身安全危险的，监察机关应当采取必要的保护措施。监察机关发现存在上述情形的，应当主动采取保护措施。 监察机关可以采取下列一项或者多项保护措施：	**第九十七条** 证人、鉴定人、被害人因作证，本人或者近亲属人身安全面临危险，向监察机关请求保护的，监察机关应当受理并及时进行审查；对于确实存在人身安全危险的，监察机关应当采取必要的保护措施。监察机关发现存在上述情形的，应当主动采取保护措施。 监察机关可以采取下列一项或者多项保护措施：	本条表述未发生变化。

修订前	修订后	知识点提醒 (含简要修改说明)
（一）不公开真实姓名、住址和工作单位等个人信息； （二）禁止特定的人员接触证人、鉴定人、被害人及其近亲属； （三）对人身和住宅采取专门性保护措施； （四）其他必要的保护措施。 依法决定不公开证人、鉴定人、被害人的真实姓名、住址和工作单位等个人信息的，可以在询问笔录等法律文书、证据材料中使用化名。但是应当另行书面说明使用化名的情况并标明密级，单独成卷。 监察机关采取保护措施需要协助的，可以提请公安机关等有关单位和要求有关个人依法予以协助。	（一）不公开真实姓名、住址和工作单位等个人信息； （二）禁止特定的人员接触证人、鉴定人、被害人及其近亲属； （三）对人身和住宅采取专门性保护措施； （四）其他必要的保护措施。 依法决定不公开证人、鉴定人、被害人的真实姓名、住址和工作单位等个人信息的，可以在询问笔录等法律文书、证据材料中使用化名。但是应当另行书面说明使用化名的情况并标明密级，单独成卷。 监察机关采取保护措施需要协助的，可以提请公安机关等有关单位和要求有关个人依法予以协助。	

修订前	修订后	知识点提醒（含简要修改说明）
第九十一条 本条例**第七十六条至第七十九条**的要求，也适用于询问。询问重要涉案人员，根据情况适用本条例**第七十五条**的规定。 询问被害人，适用询问证人的规定。	**第九十八条** 本条例**第八十三条至第八十六条**的要求，也适用于询问。询问重要涉案人员，根据情况适用本条例**第八十二条**的规定。 询问被害人，适用询问证人的规定。	本条内容未发生变化，仅对条文序号进行了更新。
	第六节 强制到案	本节系新增内容。
	第九十九条 监察机关调查严重职务违法或者职务犯罪，对于经通知无正当理由不到案的被调查人，经依法审批，可以强制其到监察机关谈话场所或者留置场所接受调查。 首次通知到案一般应当以书面方式，确因情况紧急无法书面通知的，可以通过电话等方式通知，并将相关情况制作工作记录。	本条系新增内容。 **强制到案**的适用条件：（1）适用对象是涉嫌严重职务违法或者职务犯罪的被调查人；（2）通知无正当理由不到案；（3）经依法审批；（4）强制其到监察机关谈话场所或者留置场所接受调查。

修订前	修订后	知识点提醒 (含简要修改说明)
	采取强制到案措施时，调查人员不得少于二人，应当向被强制到案人员出具《强制到案决定书》。	
	第一百条 监察机关应当立即将被强制到案人员送至监察机关谈话场所或者留置场所。强制到案的时间自被强制到案人员到达相关场所时起算。 被强制到案人员到案后，应当要求其在《强制到案决定书》上填写到案时间，并签名、捺指印；强制到案结束后，应当要求被强制到案人员在《强制到案决定书》上填写结束时间，并签名、捺指印。被强制到案人员拒绝填写或者签名、捺指印的，调查人员应当在文书上记明。 一次强制到案持续的时间不得超过十二小时；依法需要采取管护或者留置措施的，按规定报批后，强制到案持续的时间不得超过二十四小时。两次强制	本条系新增内容。 请注意强制到案的起算时间：自被强制到案人员到达相关场所时起算。

· 67 ·

修订前	修订后	知识点提醒 (含简要修改说明)
	到案间隔的时间不得少于二十四小时，不得以连续强制到案的方式变相拘禁被调查人。两次强制到案的间隔时间从第一次强制到案结束时起算。	
	第一百零一条　监察机关强制被调查人到案后，应当对涉嫌职务违法的被调查人及时谈话，对涉嫌职务犯罪的被调查人及时讯问。	本条系新增内容。 讯问适用于涉嫌职务犯罪的被调查人；谈话适用于涉嫌职务违法的被调查人。
	第一百零二条　监察机关在强制到案期限内未作出采取其他监察强制措施决定的，强制到案期满，应当立即结束强制到案。	本条系新增内容。 强制到案期满后，处置措施是立即结束强制到案，未强调"经审批"，这与《条例》第一百一十一条第一款（责令候查期满）、第一百一十九条第一款（管护期满）、第一百三十四条第一款（留置期满）、第三百零七条第一款（禁闭期满）强调"经审批"不同。

修订前	修订后	知识点提醒 （含简要修改说明）
	第七节 责令候查	本节系新增内容。
	第一百零三条 监察机关调查严重职务违法或者职务犯罪，对于符合监察法第二十三条第一款规定的，经依法审批，可以对被调查人采取责令候查措施。	本条系新增内容。
	第一百零四条 采取责令候查措施时，调查人员不得少于二人，应当向被责令候查人员宣布《责令候查决定书》，出示《被责令候查人员权利义务告知书》，由被责令候查人员签名、捺指印，要求其遵守监察法第二十三条第二款的规定，告知其违反规定应负的法律责任。被责令候查人员拒绝签名、捺指印的，调查人员应当在文书上记明。 监察机关将其他监察强制措施变更为责令候查措施的，应当按照前款规定履行权利义务告知程序。	本条系新增内容。 责令候查时限限制：最长不得超过十二个月；责令候查起算时间：自向被责令候查人员宣布之日起算。

· 69 ·

修订前	修订后	知识点提醒 (含简要修改说明)
	责令候查最长不得超过十二个月,自向被责令候查人员宣布之日起算。	
	第一百零五条　除无法通知的以外,监察机关应当在采取责令候查措施后二十四小时以内,通知被责令候查人员所在单位和家属。当面通知的,由有关人员在《责令候查通知书》上签名。无法当面通知的,可以先以电话等方式通知,并通过邮寄、转交等方式送达《责令候查通知书》,要求有关人员在《责令候查通知书》上签名。有关人员拒绝签名的,调查人员应当在文书上记明。	本条系新增内容。 采取责令候查措施后的通知:(1)通知对象:被责令候查人员所在单位和家属;(2)时间要求:在采取责令候查措施后二十四小时以内。
	第一百零六条　责令候查应当由决定采取责令候查措施的监察机关执行。 执行责令候查的监察机关应当履行下列职责:	本条系新增内容。

修订前	修订后	知识点提醒 （含简要修改说明）
	（一）监督、考察被责令候查人员遵守有关规定，及时掌握其活动、住址、工作单位、联系方式及变动情况； （二）审批被责令候查人员离开所居住的直辖市、设区的市的城市市区或者不设区的市、县的辖区（以下统称所居住的市、县）的申请； （三）被责令候查人员违反应当遵守的规定的，及时制止或纠正； （四）会同被责令候查人员所在单位、家属等对被责令候查人员开展思想教育、心理疏导工作。	
	第一百零七条　被责令候查人员未经批准不得离开所居住的市、县。确有正当理由需要离开的，应当经决定采取责令候查措施的监察机关批准。 在同一直辖市、设区的市内跨区活动的，不属于离开所居住的市、县。	本条系新增内容。

修订前	修订后	知识点提醒（含简要修改说明）
	本条第一款所称正当理由，是指就医、就学、参与诉讼、往返居住地与工作地、处理重要家庭事务或者参加重要公务、商务活动等。	
	第一百零八条　被责令候查人员需要离开所居住的市、县的，应当向监察机关提出书面申请，并注明事由、目的地、路线、交通方式、往返日期、联系方式等。监察机关应当自收到书面申请之日起三日以内作出决定。被责令候查人员有紧急事由，无法及时提出书面申请的，可以先行通过电话等方式提出申请，并及时补办书面申请手续。 　　监察机关批准被责令候查人员离开所居住的市、县的申请后，应当告知其遵守下列要求： 　　（一）保持联系方式畅通，并在接到通知后及时到案接受调查；	本条系新增内容。

· 72 ·

修订前	修订后	知识点提醒 (含简要修改说明)
	（二）严格按照批准的地点、路线、往返日期出行； （三）不得从事妨碍调查的活动； （四）返回居住地后及时向执行机关报告。 对于被责令候查人员因正常工作或者生活需要经常性离开所居住的市、县的，可以根据情况简化批准程序，一次性审批其在特定期间内按照批准的地点、路线出行。	
	第一百零九条　被责令候查人员具有下列情形之一的，可以认定为监察法第二十三条第三款所规定的违反责令候查规定，情节严重： （一）企图逃跑、自杀的； （二）实施伪造、隐匿、毁灭证据或者串供、干扰证人作证行为，严重影响调查工作正常进行的；	*本条内容系新增。*

修订前	修订后	知识点提醒 （含简要修改说明）
	（三）对举报人、控告人、被害人、证人、鉴定人等相关人员实施打击报复的； （四）未经批准，擅自离开所居住的市、县，严重影响调查工作正常进行，或者两次未经批准，擅自离开所居住的市、县的； （五）经通知无正当理由不到案，严重影响调查工作正常进行，或者两次经通知无正当理由不到案的； （六）住址、工作单位和联系方式等发生变动，未按规定向监察机关报告，导致无法通知到案，严重影响调查工作正常进行的。 依照监察法第二十三条第一款第三项规定被责令候查的人员，违反责令候查规定，情节严重，依法应予留置的，	

修订前	修订后	知识点提醒 (含简要修改说明)
	省级监察机关应当报请国家监察委员会批准，设区的市级以下监察机关应当逐级报送省级监察机关批准。	
	第一百一十条 被管护人员、被留置人员、被禁闭人员及其近亲属向监察机关申请变更为责令候查措施的，应当以书面方式提出。监察机关收到申请后，应当在三日以内作出决定。经审查，符合责令候查条件的，可以将管护、留置或者禁闭措施依法变更为责令候查措施；不符合责令候查条件的，应当告知申请人，并说明不同意的理由。	本条系新增内容。
	第一百一十一条 对被责令候查人员不需要继续采取责令候查措施或者责令候查期满的，应当按规定报批后解除责令候查措施。调查人员应当向被责令候查人员宣布《解除责令候查决定书》，	本条系新增内容。

修订前	修订后	知识点提醒（含简要修改说明）
	由其签名、捺指印。被责令候查人员拒绝签名、捺指印的，调查人员应当在文书上记明。 解除责令候查措施的，应当及时通知被责令候查人员所在单位和家属。当面通知的，由有关人员在《解除责令候查通知书》上签名。无法当面通知的，可以先以电话等方式通知，并通过邮寄、转交等方式送达《解除责令候查通知书》，要求有关人员在《解除责令候查通知书》上签名。有关人员拒绝签名的，调查人员应当在文书上记明。	
	第一百一十二条　案件依法移送人民检察院审查起诉的，责令候查措施自移送之日自动解除，不再办理解除法律手续。	本条系新增内容。

修订前	修订后	知识点提醒（含简要修改说明）
	第八节　管　护	本节系新增内容。
	第一百一十三条　监察机关对于符合监察法第二十五条第一款规定的未被留置人员，经依法审批，可以对其采取管护措施。	本条系新增内容。
	第一百一十四条　采取管护措施时，调查人员不得少于二人，应当向被管护人员宣布《管护决定书》，告知被管护人员权利义务，要求其在《管护决定书》上签名、捺指印。被管护人员拒绝签名、捺指印的，调查人员应当在文书上记明。	本条系新增内容。
	第一百一十五条　采取管护措施后，应当立即将被管护人员送留置场所，至迟不得超过二十四小时。	本条内容与《监察法》第二十五条第二款相同。

修订前	修订后	知识点提醒 (含简要修改说明)
	第一百一十六条 采取管护措施后,应当在二十四小时以内通知被管护人员所在单位和家属。当面通知的,由有关人员在《管护通知书》上签名。无法当面通知的,可以先以电话等方式通知,并通过邮寄、转交等方式送达《管护通知书》,要求有关人员在《管护通知书》上签名。有关人员拒绝签名的,调查人员应当在文书上记明。 因可能伪造、隐匿、毁灭证据,干扰证人作证或者串供等有碍调查情形而不宜通知的,应当按规定报批,记录在案。有碍调查的情形消失后,应当立即通知被管护人员所在单位和家属。	本条系新增内容。 采取管护措施后,请注意两个知识点:一是时限要求,即在二十四小时以内通知;二是通知的对象,即被管护人员所在单位和家属。
	第一百一十七条 监察机关采取管护措施后,应当在二十四小时以内对被管护人员进行谈话、讯问。	本条系新增内容。 请注意时限要求:二十四小时以内。

修订前	修订后	知识点提醒 (含简要修改说明)
	第一百一十八条 管护时间不得超过七日，自向被管护人员宣布之日起算。因案情复杂、疑难，在七日以内无法作出留置或者解除管护决定的，经审批可以延长一日至三日。 延长管护时间的，应当在管护期满前向被管护人员宣布延长管护时间的决定，要求其在《延长管护时间决定书》上签名、捺指印。被管护人员拒绝签名、捺指印的，调查人员应当在文书上记明。 延长管护时间的，应当及时通知被管护人员所在单位和家属。	本条系新增内容。 延长管护时间的，不仅要及时通知被管护人员所在单位，还要及时通知被管护人员的家属。
	第一百一十九条 对被管护人员不需要继续采取管护措施的，应当按规定报批后解除管护或者变更为责令候查措施。管护期满的，应当按规定报批后予以解除。	本条系新增内容。 解除管护措施或者变更为责令候查措施的，不仅要及时通知被管护人员所在单位，还要及时通知被管

· 79 ·

修订前	修订后	知识点提醒 (含简要修改说明)
	解除管护措施的，调查人员应当向被管护人员宣布解除管护措施的决定，由其在《解除管护决定书》上签名、捺指印；变更为责令候查措施的，应当向被管护人员宣布变更为责令候查措施的决定，由其在《变更管护决定书》上签名、捺指印。被管护人员拒绝签名、捺指印的，调查人员应当在文书上记明。 解除管护措施或者变更为责令候查措施的，应当及时通知被管护人员所在单位和家属、申请人。调查人员应当与交接人办理交接手续，并由其在《解除管护通知书》或者《变更管护通知书》上签名。无法通知或者有关人员拒绝签名的，调查人员应当在文书上记明。不得因办理交接手续延迟解除或者变更管护措施。	护人员家属（申请人）。管护期满后若需解除管护措施，需要经审批，类似强制措施期满后解除需要经审批的还有第一百一十九条第一款（管护期满）、第一百三十四条第一款（留置期满）、第三百零七条第一款（禁闭期满）。《条例》第一百零二条规定，强制到案期满后，处置措施是立即结束强制到案，不需要"经审批"。

修订前	修订后	知识点提醒 (含简要修改说明)
	第一百二十条　在管护期满前,将管护措施变更为留置措施的,按照本条例关于采取留置措施的规定执行。	本条系新增内容。
第六节　留　　置	第九节　留　　置	
第九十二条　监察机关调查严重职务违法或者职务犯罪,对于符合监察法第二十二条第一款规定的,经依法审批,可以对被调查人采取留置措施。 监察法第二十二条第一款规定的严重职务违法,是指根据监察机关已经掌握的事实及证据,被调查人涉嫌的职务违法行为情节严重,可能被给予撤职以上政务处分;重要问题,是指对被调查人涉嫌的职务违法或者职务犯罪,在定性处置、定罪量刑等方面有重要影响的事实、情节及证据。	第一百二十一条　监察机关调查严重职务违法或者职务犯罪,对于符合监察法第二十四条第一款规定的,经依法审批,可以对被调查人采取留置措施。 监察法第二十四条第一款规定的已经掌握其部分违法犯罪事实及证据,是指同时具备下列情形: (一) 有证据证明发生了违法犯罪事实; (二) 有证据证明该违法犯罪事实是被调查人实施; (三) 证明被调查人实施违法犯罪	本条表述未发生实质性变化,对条文序号进行了更新,并对"重要问题"内容的表述顺序作了调整。 2021年《条例》第九十二条第二款"严重职务违法"内容,已演化为《条例》第三百二十三条第一款。 2021年《条例》第九十二条第二款"重要问题"

修订前	修订后	知识点提醒 (含简要修改说明)
监察法第二十二条第一款规定的已经掌握其部分违法犯罪事实及证据,是指同时具备下列情形: (一) 有证据证明发生了违法犯罪事实; (二) 有证据证明该违法犯罪事实是被调查人实施; (三) 证明被调查人实施违法犯罪行为的证据已经查证属实。 部分违法犯罪事实,既可以是单一违法犯罪行为的事实,也可以是数个违法犯罪行为中任何一个违法犯罪行为的事实。	行为的证据已经查证属实。 部分违法犯罪事实,既可以是单一违法犯罪行为的事实,也可以是数个违法犯罪行为中任何一个违法犯罪行为的事实。 **监察法第二十四条**第一款规定的重要问题,是指对被调查人涉嫌的严重职务违法或者职务犯罪,在定性处置、定罪量刑等方面有重要影响的事实、情节及证据。	内容,已演化为《条例》第一百二十一条第四款。
第九十三条 被调查人具有下列情形之一的,可以认定为监察法**第二十二条**第一款第二项所规定的可能逃跑、自杀:	**第一百二十二条** 被调查人具有下列情形之一的,可以认定为监察法**第二十四条**第一款第二项所规定的可能逃跑、自杀:	本条表述未发生实质性变化,仅对条文序号进行了更新。

修订前	修订后	知识点提醒 (含简要修改说明)
（一）着手准备自杀、自残或者逃跑的； （二）曾经有自杀、自残或者逃跑行为的； （三）有自杀、自残或者逃跑意图的； （四）其他可能逃跑、自杀的情形。	（一）着手准备自杀、自残或者逃跑的； （二）曾经有自杀、自残或者逃跑行为的； （三）有自杀、自残或者逃跑意图的； （四）其他可能逃跑、自杀的情形。	
第九十四条 被调查人具有下列情形之一的，可以认定为监察法**第二十二条**第一款第三项所规定的可能串供或者伪造、隐匿、毁灭证据： （一）曾经或者企图串供，伪造、隐匿、毁灭、转移证据的； （二）曾经或者企图威逼、恐吓、利诱、收买证人，干扰证人作证的； （三）有同案人或者与被调查人存在密切关联违法犯罪的涉案人员在逃，重要证据尚未收集完成的；	**第一百二十三条** 被调查人具有下列情形之一的，可以认定为监察法**第二十四条**第一款第三项所规定的可能串供或者伪造、隐匿、毁灭证据： （一）曾经或者企图串供，伪造、隐匿、毁灭、转移证据的； （二）曾经或者企图威逼、恐吓、利诱、收买证人，干扰证人作证的； （三）有同案人或者与被调查人存在密切关联违法犯罪的涉案人员在逃，重要证据尚未收集完成的；	本条表述未发生实质性变化，仅对条文序号进行了更新。

修订前	修订后	知识点提醒（含简要修改说明）
（四）其他可能串供或者伪造、隐匿、毁灭证据的情形。	（四）其他可能串供或者伪造、隐匿、毁灭证据的情形。	
第九十五条 被调查人具有下列情形之一的，可以认定为监察法**第二十二条**第一款第四项所规定的可能有其他妨碍调查行为： （一）可能继续实施违法犯罪行为的； （二）有危害国家安全、公共安全等现实危险的； （三）可能对举报人、控告人、被害人、证人、鉴定人等相关人员实施打击报复的； （四）无正当理由拒不到案，严重影响调查的； （五）其他可能妨碍调查的行为。	**第一百二十四条** 被调查人具有下列情形之一的，可以认定为监察法**第二十四条**第一款第四项所规定的可能有其他妨碍调查行为： （一）可能继续实施违法犯罪行为的； （二）有危害国家安全、公共安全等现实危险的； （三）可能对举报人、控告人、被害人、证人、鉴定人等相关人员实施打击报复的； （四）无正当理由拒不到案，严重影响调查的； （五）其他可能妨碍调查的行为。	本条表述未发生实质性变化，仅对条文序号进行了更新。

修订前	修订后	知识点提醒 (含简要修改说明)
第九十六条 对下列人员不得采取留置措施： （一）患有严重疾病、生活不能自理的； （二）怀孕或者正在哺乳自己婴儿的妇女； （三）系生活不能自理的人的唯一扶养人。 上述情形消除后，根据调查需要可以对相关人员采取留置措施。	**第一百二十五条** 对下列人员不得采取留置措施： （一）患有严重疾病、生活不能自理的； （二）怀孕或者正在哺乳自己婴儿的妇女； （三）生活不能自理的人的唯一扶养人。 上述情形消**失**后，根据调查需要可以对相关人员采取留置措施。	本条表述未发生变化。
第九十七条 采取留置措施时，调查人员不得少于二人，应当向被留置人员宣布《留置决定书》，告知被留置人员权利义务，要求其在《留置决定书》上签名、捺指印。被留置人员拒绝签名、捺指印的，调查人员应当在文书上记明。	**第一百二十六条** 采取留置措施时，调查人员不得少于二人，应当向被留置人员宣布《留置决定书》，告知被留置人员权利义务，要求其在《留置决定书》上签名、捺指印。被留置人员拒绝签名、捺指印的，调查人员应当在文书上记明。	本条表述未发生变化。

修订前	修订后	知识点提醒（含简要修改说明）
第九十八条 采取留置措施后，应当在二十四小时以内通知被留置人员所在单位和家属。当面通知的，由有关人员在《留置通知书》上签名。无法当面通知的，可以先以电话等方式通知，并通过邮寄、转交等方式送达《留置通知书》，要求有关人员在《留置通知书》上签名。 因可能**毁灭、伪造证据**，干扰证人作证或者串供等有碍调查情形而不宜通知的，应当按规定报批，记录在案。有碍调查的情形消失后，应当立即通知被留置人员所在单位和家属。	**第一百二十七条** 采取留置措施后，应当在二十四小时以内通知被留置人员所在单位和家属。当面通知的，由有关人员在《留置通知书》上签名。无法当面通知的，可以先以电话等方式通知，并通过邮寄、转交等方式送达《留置通知书》，要求有关人员在《留置通知书》上签名。**有关人员拒绝签名的，调查人员应当在文书上记明。** 因可能**伪造、隐匿、毁灭证据**，干扰证人作证或者串供等有碍调查情形而不宜通知的，应当按规定报批，记录在案。有碍调查的情形消失后，应当立即通知被留置人员所在单位和家属。	本条第一款中"有关人员拒绝签名的，调查人员应当在文书上记明"系新增内容。 第二款中"隐匿"系新增内容。

修订前	修订后	知识点提醒（含简要修改说明）
第九十九条　县级以上监察机关需要提请公安机关协助采取留置措施的，应当按规定报批，请同级公安机关依法予以协助。提请协助时，应当出具《提请协助采取留置措施函》，列明提请协助的具体事项和建议，协助采取措施的时间、地点等内容，附《留置决定书》复印件。 因保密需要，不适合在采取留置措施前向公安机关告知留置对象姓名的，可以作出说明，进行保密处理。 需要提请异地公安机关协助采取留置措施的，应当按规定报批，向协作地同级监察机关出具协作函件和相关文书，由协作地监察机关提请当地公安机关依法予以协助。		2021年《条例》第九十九条内容已被《条例》第六十五条涵盖。

修订前	修订后	知识点提醒 (含简要修改说明)
	第一百二十八条　监察机关采取留置措施后，应当在二十四小时以内对涉嫌职务违法的被调查人进行谈话，对涉嫌职务犯罪的被调查人进行讯问。	本条系新增内容。
第一百条　留置过程中，应当保障被留置人员的合法权益，尊重其人格和民族习俗，保障饮食、休息和安全，提供医疗服务。		2021年《条例》第一百条规定，调整为《条例》第七十一条第二款。
第一百零一条　留置时间不得超过三个月，自向被留置人员宣布之日起算。具有下列情形之一的，经审批可以延长一次，延长时间不得超过三个月： （一）案情重大，严重危害国家利益或者公共利益的； （二）案情复杂，涉案人员多、金额巨大，涉及范围广的；	第一百二十九条　留置时间不得超过三个月，自向被留置人员宣布之日起算。具有下列情形之一的，经审批可以延长一次，延长时间不得超过三个月： （一）案情重大，严重危害国家利益或者公共利益的； （二）案情复杂，涉案人员多、金额巨大，涉及范围广的；	本条第四款"所在单位"系新增内容。 延长留置时间的，不仅要及时通知被留置人员家属，也要通知被留置人员所在单位（因为涉及单位对被留置人员工资待遇的调整以及年度考核等情况）。

修订前	修订后	知识点提醒 (含简要修改说明)
（三）重要证据尚未收集完成，或者重要涉案人员尚未到案，导致违法犯罪的主要事实仍须继续调查的； （四）其他需要延长留置时间的情形。 省级以下监察机关采取留置措施的，延长留置时间应当报上一级监察机关批准。 延长留置时间的，应当在留置期满前向被留置人员宣布延长留置时间的决定，要求其在《延长留置时间决定书》上签名、捺指印。被留置人员拒绝签名、捺指印的，调查人员应当在文书上记明。 延长留置时间的，应当通知被留置人员家属。	（三）重要证据尚未收集完成，或者重要涉案人员尚未到案，导致违法犯罪的主要事实仍须继续调查的； （四）其他需要延长留置时间的情形。 省级以下监察机关采取留置措施的，延长留置时间应当**报请**上一级监察机关批准。 延长留置时间的，应当在留置期满前向被留置人员宣布延长留置时间的决定，要求其在《延长留置时间决定书》上签名、捺指印。被留置人员拒绝签名、捺指印的，调查人员应当在文书上记明。 延长留置时间的，应当**及时**通知被留置人员**所在单位和**家属。	

修订前	修订后	知识点提醒（含简要修改说明）
	第一百三十条　对涉嫌职务犯罪的被调查人可能判处十年有期徒刑以上刑罚，监察机关按照本条例第一百二十九条规定延长期限届满，仍不能调查终结的，经审批可以再延长，再延长时间不得超过二个月。 省级以下监察机关需要再延长留置时间的，应当逐级报送国家监察委员会批准。 再延长留置时间的，应当在留置期满前向被留置人员宣布再延长留置时间的决定，要求其在《再延长留置时间决定书》上签名、捺指印。被留置人员拒绝签名、捺指印的，调查人员应当在文书上记明。 再延长留置时间的，应当及时通知被留置人员所在单位和家属。	本条系新增内容。

修订前	修订后	知识点提醒 (含简要修改说明)
	第一百三十一条　报请批准延长或者再延长留置时间，应当在报请材料中写明被留置人员基本情况、主要案情和留置后调查工作进展情况、下一步调查工作计划、延长或者再延长留置时间的具体理由及起止时间。 　　报请批准延长或者再延长留置时间，应当根据案件具体情况和实际工作需要，提出合理、必要的时间建议。 　　上级监察机关收到报请批准延长或者再延长留置时间的申请后，应当及时研究，在原留置期限届满前按程序作出决定。	本条系新增内容。 　报请批准延长或者再延长留置时间的，要求在报请材料中写明具体理由及起止时间，旨在防止滥用留置措施。
	第一百三十二条　省级以上监察机关在调查期间，发现涉嫌职务犯罪的被调查人另有与留置时的罪行不同种的重大职务犯罪或者同种的影响罪名认定、量刑档次的重大职务犯罪，经审批可以	本条系新增内容。 　"重新计算留置时间"，需要经审批。

· 91 ·

修订前	修订后	知识点提醒 （含简要修改说明）
	依照监察法第四十八条第三款的规定重新计算留置时间。留置时间重新计算以一次为限。 　　依照前款规定重新计算留置时间的，国家监察委员会调查部门应当自发现之日起五日以内履行报批程序，省级监察机关应当自发现之日起五日以内报请国家监察委员会批准。 　　重新计算留置时间的，应当自作出决定之日起五日以内向被留置人员宣布，要求其在《重新计算留置时间决定书》上签名、捺指印，并及时通知被留置人员所在单位和家属。被留置人员拒绝签名、捺指印的，调查人员应当在文书上记明。	
	第一百三十三条　重新计算留置时间的，留置时间不得超过三个月。新发	*本条系新增内容。*

修订前	修订后	知识点提醒 (含简要修改说明)
	现的罪行具有本条例第一百二十九条、第一百三十条规定情形的，可以依法延长和再延长留置时间。但是，此前已经根据本条例第一百三十条规定再延长留置时间的，不得再次适用该规定再延长留置时间。	
第一百零二条　对被留置人员不需要继续采取留置措施的，应当按规定报批，**及时解除留置**。 调查人员应当向被留置人员宣布解除留置措施的决定，由其在《解除留置决定书》上签名、捺指印。被留置人员拒绝签名、捺指印的，调查人员应当在文书上记明。 解除留置措施的，应当及时通知被留置人员所在单位**或者**家属。调查人员应当与交接人办理交接手续，并由其在	第一百三十四条　对被留置人员不需要继续采取留置措施的，应当按规定报批后解除留置或者变更为责令候查措施。留置期满的，应当按规定报批后予以解除。 **解除留置措施的**，调查人员应当向被留置人员宣布解除留置措施的决定，由其在《解除留置决定书》上签名、捺指印；**变更为责令候查措施的，应当向被留置人员宣布变更为责令候查措施的决定，由其在《变更留置决定书》上签**	本条第一款中"或者变更为责令候查措施""留置期满的，应当按规定报批后予以解除"均系新增内容。 第二款中"变更为责令候查措施的，应当向被留置人员宣布变更为责令候查措施的决定，由其在《变更留置决定书》上签名、捺指印"系新增内容。

修订前	修订后	知识点提醒（含简要修改说明）
《解除留置通知书》上签名。无法通知或者有关人员拒绝签名的，调查人员应当在文书上记明。 案件依法移送人民检察院审查起诉的，留置措施自犯罪嫌疑人被执行拘留时自动解除，不再办理解除法律手续。	名、**捺指印**。被留置人员拒绝签名、捺指印的，调查人员应当在文书上记明。 解除留置措施**或者变更为责令候查措施**的，应当及时通知被留置人员所在单位和家属、**申请人**。调查人员应当与交接人办理交接手续，并由其在《解除留置通知书》**或者《变更留置通知书》**上签名。无法通知或者有关人员拒绝签名的，调查人员应当在文书上记明。**不得因办理交接手续延迟解除或者变更留置措施。** 案件依法移送人民检察院审查起诉的，留置措施自犯罪嫌疑人被执行拘留时自动解除，不再办理解除法律手续。	第三款中"通知被留置人员所在单位和家属"取代"通知被留置人员所在单位或者家属"。"申请人"系新增内容。"不得因办理交接手续延迟解除或者变更留置措施"系新增内容。 本条第四款规定的留置措施解除时间起点是自犯罪嫌疑人被执行拘留时，而不是检察机关决定拘留，因为决定拘留与执行拘留，通常存在时间差。
第一百零三条　留置场所应当建立健全保密、消防、医疗、餐饮及安保等安全工作责任制，制定紧急突发事件处置预案，采取安全防范措施。		本条表述未发生变化。 2021 年《条例》第一百零三条已更新为《条例》第三百一十二条第二

修订前	修订后	知识点提醒 (含简要修改说明)
留置期间发生被留置人员死亡、伤残、脱逃等办案安全事故、事件的，应当及时做好处置工作。相关情况应当立即报告监察机关主要负责人，并在二十四小时以内逐级上报至国家监察委员会。		款、第三款。
第七节　查询、冻结	第十节　查询、冻结	
第一百零四条　监察机关调查严重职务违法或者职务犯罪，根据工作需要，按规定报批后，可以依法查询、冻结涉案单位和个人的存款、汇款、债券、股票、基金份额等财产。	**第一百三十五条**　监察机关调查严重职务违法或者职务犯罪，根据工作需要，按规定报批后，可以依法查询、冻结涉案单位和个人的存款、汇款、债券、股票、基金份额等财产。	本条内容未发生变化。
第一百零五条　查询、冻结财产时，调查人员不得少于二人。调查人员应当出具《协助查询财产通知书》或者《协助冻结财产通知书》，送交银行或者	**第一百三十六条**　查询、冻结财产时，调查人员不得少于二人。调查人员应当出具《协助查询财产通知书》或者《协助冻结财产通知书》，送交银行或者	本条第二款用"市场主体"取代此前的"企业法人"。

修订前	修订后	知识点提醒 (含简要修改说明)
其他金融机构、邮政部门等单位执行。有关单位和个人应当予以配合，并严格保密。 　　查询财产应当在《协助查询财产通知书》中填写查询账号、查询内容等信息。没有具体账号的，应当填写足以确定账户或者权利人的自然人姓名、身份证件号码或者**企业法人**名称、统一社会信用代码等信息。 　　冻结财产应当在《协助冻结财产通知书》中填写冻结账户名称、冻结账号、冻结数额、冻结期限起止时间等信息。冻结数额应当具体、明确，暂时无法确定具体数额的，应当在《协助冻结财产通知书》上明确写明"只收不付"。冻结证券和交易结算资金时，应当明确冻结的范围是否及于孳息。	其他金融机构、邮政部门等单位执行。有关单位和个人应当予以配合，并严格保密。 　　查询财产应当在《协助查询财产通知书》中填写查询账号、查询内容等信息。没有具体账号的，应当填写足以确定账户或者权利人的自然人姓名、身份证件号码或者**市场主体**名称、统一社会信用代码等信息。 　　冻结财产应当在《协助冻结财产通知书》中填写冻结账户名称、冻结账号、冻结数额、冻结期限起止时间等信息。冻结数额应当具体、明确，暂时无法确定具体数额的，应当在《协助冻结财产通知书》上明确写明"只收不付"。冻结证券和交易结算资金时，应当明确冻结的范围是否及于孳息。	

修订前	修订后	知识点提醒 (含简要修改说明)
冻结财产，应当为被调查人及其所扶养的亲属保留必需的生活费用。	冻结财产，应当为被调查人及其所扶养的亲属保留必需的生活费用。	
第一百零六条 调查人员可以根据需要对查询结果进行打印、抄录、复制、拍照，要求相关单位在有关材料上加盖证明印章。对查询结果有疑问的，可以要求相关单位进行书面解释并加盖印章。	**第一百三十七条** 调查人员可以根据需要对查询结果进行打印、抄录、复制、拍照，要求相关单位在有关材料上加盖证明印章。对查询结果有疑问的，可以要求相关单位进行书面解释并加盖印章。	本条内容未发生变化。
第一百零七条 监察机关对查询信息应当加强管理，规范信息交接、调阅、使用程序和手续，防止滥用和泄露。 调查人员不得查询与案件调查工作无关的信息。	**第一百三十八条** 监察机关对查询信息应当加强管理，规范信息交接、调阅、使用程序和手续，防止滥用和泄露。 调查人员不得查询与案件调查工作无关的信息。	本条内容未发生变化。本条第二款以负面清单的形式确立了查询的关联性原则和必要性原则。

修订前	修订后	知识点提醒 （含简要修改说明）
第一百零八条 冻结财产的期限不得超过六个月。冻结期限到期未办理续冻手续的，冻结自动解除。 有特殊原因需要延长冻结期限的，应当在到期前按原程序报批，办理续冻手续。每次续冻期限不得超过六个月。	**第一百三十九条** 冻结财产的期限不得超过六个月。冻结期限到期未办理续冻手续的，冻结自动解除。 有特殊原因需要延长冻结期限的，应当在到期前按原程序报批，办理续冻手续。每次续冻期限不得超过六个月。	本条内容未发生变化。请注意冻结财产的时限要求"不得超过六个月"。
第一百零九条 已被冻结的财产可以轮候冻结，不得重复冻结。轮候冻结的，监察机关应当要求有关银行或者其他金融机构等单位在解除冻结或者作出处理前予以通知。 监察机关接受司法机关、其他监察机关等国家机关移送的涉案财物后，该国家机关采取的冻结期限届满，监察机关续行冻结的顺位与该国家机关冻结的顺位相同。	**第一百四十条** 已被冻结的财产可以轮候冻结，不得重复冻结。轮候冻结的，监察机关应当要求有关银行或者其他金融机构等单位在解除冻结或者作出处理前予以通知。 监察机关接受司法机关、其他监察机关等国家机关移送的涉案财物后，该国家机关采取的冻结期限届满，监察机关续行冻结的顺位与该国家机关冻结的顺位相同。	本条内容未发生变化。

修订前	修订后	知识点提醒（含简要修改说明）
第一百一十条 冻结财产应当通知权利人或者其法定代理人、委托代理人，要求其在《冻结财产告知书》上签名。冻结股票、债券、基金份额等财产，应当告知权利人或者其法定代理人、委托代理人有权申请出售。 对于被冻结的股票、债券、基金份额等财产，权利人或者其法定代理人、委托代理人申请出售，不损害国家利益、被害人利益，不影响调查正常进行的，经审批可以在案件办结前由相关机构依法出售或者变现。对于被冻结的汇票、本票、支票即将到期的，经审批可以在案件办结前由相关机构依法出售或者变现。出售上述财产的，应当出具《许可出售冻结财产通知书》。	**第一百四十一条** 冻结财产应当通知权利人或者其法定代理人、委托代理人，要求其在《冻结财产告知书》上签名。冻结股票、债券、基金份额等财产，应当告知权利人或者其法定代理人、委托代理人有权申请出售。 对于被冻结的股票、债券、基金份额等财产，权利人或者其法定代理人、委托代理人申请出售，不损害国家利益、被害人利益，不影响调查正常进行的，经审批可以在案件办结前由相关机构依法出售或者变现。对于被冻结的汇票、本票、支票即将到期的，经审批可以在案件办结前由相关机构依法出售或者变现。出售上述财产的，应当出具《许可出售冻结财产通知书》。	本条表述未发生变化。股票、债券、基金等特殊财产市场波动大，故告知权利人可及时处置。但监察机关不可以依照职权自行抛售处置。 本条规定了出售或者变现股票、债券、基金的三个条件：一是权利人或者其法定代理人、委托代理人申请出售。二是出售行为不损害国家利益、被害人利益，不影响调查正常进行。三是经审批。出售或者变现即将到期的被冻结的汇票、本票、支票，

修订前	修订后	知识点提醒 （含简要修改说明）
出售或者变现所得价款应当继续冻结在其对应的银行账户中；没有对应的银行账户的，应当存入监察机关指定的专用账户保管，并将存款凭证送监察机关登记。监察机关应当及时向权利人或者其法定代理人、委托代理人出具《出售冻结财产通知书》，并要求其签名。拒绝签名的，调查人员应当在文书上记明。	出售或者变现所得价款应当继续冻结在其对应的银行账户中；没有对应的银行账户的，应当存入监察机关指定的专用账户保管，并将存款凭证送监察机关登记。监察机关应当及时向权利人或者其法定代理人、委托代理人出具《出售冻结财产通知书》，并要求其签名。拒绝签名的，调查人员应当在文书上记明。	不需要征得权利人或者其法定代理人、委托代理人同意。
第一百一十一条　对于冻结的财产，应当及时核查。经查明与案件无关的，经审批，应当在查明后三日以内将《解除冻结财产通知书》送交有关单位执行。解除情况应当告知被冻结财产的权利人或者其法定代理人、委托代理人。	第一百四十二条　对于冻结的财产，应当及时核查。经查明与案件无关的，经审批，应当在查明后三日以内将《解除冻结财产通知书》送交有关单位执行。解除情况应当告知被冻结财产的权利人或者其法定代理人、委托代理人。	本条表述未发生变化。

修订前	修订后	知识点提醒 (含简要修改说明)
第八节 搜 查	第十一节 搜 查	
第一百一十二条 监察机关调查职务犯罪案件，为了收集犯罪证据、查获被调查人，按规定报批后，可以依法对被调查人以及可能隐藏被调查人或者犯罪证据的人的身体、物品、住处、工作地点和其他有关地方进行搜查。	第一百四十三条 监察机关调查职务犯罪案件，为了收集犯罪证据、查获被调查人，按规定报批后，可以依法对被调查人以及可能隐藏被调查人或者犯罪证据的人的身体、物品、住处、工作地点和其他有关地方进行搜查。	本条表述未发生变化。搜查措施，仅适用于职务犯罪案件，不适用于严重职务违法案件。
第一百一十三条 搜查应当在调查人员主持下进行，调查人员不得少于二人。搜查女性的身体，由女性工作人员进行。 搜查时，应当有被搜查人或者其家属、其所在单位工作人员或者其他见证人在场。**监察人员不得作为见证人**。调查人员应当向被搜查人或者其家属、见证人出示《搜查证》，要求其签名。被搜查人或者其家属不在场，或者拒绝签名的，调查人员应当在文书上记明。	第一百四十四条 搜查应当在调查人员主持下进行，调查人员不得少于二人。搜查女性的身体，由女性工作人员进行。 搜查时，应当有被搜查人或者其家属、其所在单位工作人员或者其他见证人在场。调查人员应当向被搜查人或者其家属、见证人出示《搜查证》，要求其签名**或者盖章**。被搜查人或者其家属不在场，或者拒绝签名、**盖章**的，调查人员应当在文书上记明。	本条第二款中的两处"盖章"系新增内容。

修订前	修订后	知识点提醒（含简要修改说明）
第一百一十四条 搜查时，应当要求在场人员予以配合，不得进行阻碍。对以暴力、威胁等方法阻碍搜查的，应当依法制止。对阻碍搜查构成违法犯罪的，依法追究法律责任。	**第一百四十五条** 搜查时，应当要求在场人员予以配合，不得进行阻碍。对以暴力、威胁等方法阻碍搜查的，应当依法制止。对阻碍搜查构成违法犯罪的，依法追究法律责任。	本条内容未发生变化。
第一百一十五条 县级以上监察机关需要提请公安机关依法协助采取搜查措施的，应当按规定报批，请同级公安机关予以协助。提请协助时，应当出具《提请协助采取搜查措施函》，列明提请协助的具体事项和建议，搜查时间、地点、目的等内容，附《搜查证》复印件。 需要提请异地公安机关协助采取搜查措施的，应当按规定报批，向协作地同级监察机关出具协作函件和相关文书，由协作地监察机关提请当地公安机关予以协助。		2021年《条例》第一百一十五条已被《条例》第六十五条涵盖。

修订前	修订后	知识点提醒 （含简要修改说明）
第一百一十六条 对搜查取证工作，应当全程同步录音录像。 对搜查情况应当制作《搜查笔录》，由调查人员和被搜查人或者其家属、见证人签名。被搜查人或者其家属不在场，或者拒绝签名的，调查人员应当在笔录中记明。 对于查获的重要物证、书证、视听资料、电子数据及其放置、存储位置应当拍照，并在《搜查笔录》中作出文字说明。	**第一百四十六条** 对搜查取证工作，应当全程同步录音录像。 对搜查情况应当制作《搜查笔录》，由调查人员和被搜查人或者其家属、见证人签名**或者盖章**。被搜查人或者其家属不在场，或者拒绝签名、**盖章**的，调查人员应当在笔录中记明。 对于查获的重要物证、书证、视听资料、电子数据及其放置、存储位置应当拍照，并在《搜查笔录》中作出文字说明。	本条第二款中的两处"盖章"系新增内容。
第一百一十七条 搜查时，应当避免未成年人或者其他不适宜在搜查现场的人在场。 搜查人员应当服从指挥、文明执法，不得擅自变更搜查对象和扩大搜查范围。搜查的具体时间、方法，在实施前应当严格保密。	**第一百四十七条** 搜查时，应当避免未成年人或者其他不适宜在搜查现场的人在场。 搜查人员应当服从指挥、文明执法，不得擅自变更搜查对象和扩大搜查范围，**严禁单独进入搜查区域**。搜查的具体时间、方法，在实施前应当严格保密。	本条第二款中"严禁单独进入搜查区域"系新增内容。

修订前	修订后	知识点提醒 (含简要修改说明)
第一百一十八条 在搜查过程中查封、扣押财物和文件的，按照查封、扣押的有关规定办理。	**第一百四十八条** 在搜查过程中查封、扣押财物和文件的，按照查封、扣押的有关规定办理。	本条内容未发生变化。
第九节 调 取	第十二节 调 取	
第一百一十九条 监察机关按规定报批后，可以依法向有关单位和个人调取用以证明案件事实的证据材料。	**第一百四十九条** 监察机关按规定报批后，可以依法向有关单位和个人调取用以证明案件事实的证据材料。	本条内容未发生变化。
第一百二十条 调取证据材料时，调查人员不得少于二人。调查人员应当依法出具《调取证据通知书》，必要时附《调取证据清单》。 有关单位和个人配合监察机关调取证据，应当严格保密。	**第一百五十条** 调取证据材料时，调查人员不得少于二人。调查人员应当依法出具《调取证据通知书》，必要时附《调取证据清单》。 有关单位和个人配合监察机关调取证据，应当严格保密。	本条内容未发生变化。
第一百二十一条 调取物证应当调取原物。原物不便搬运、保存，或者依法应当返还，或者因保密工作需要不能	**第一百五十一条** 调取物证应当调取原物。原物不便搬运、保存，或者依法应当返还，或者因保密工作需要不能	本条内容未发生变化。 对原物拍照或者录像固定证据的适用条件：一

修订前	修订后	知识点提醒（含简要修改说明）
调取原物的，可以将原物封存，并拍照、录像。对原物拍照或者录像时，应当足以反映原物的外形、内容。 调取书证、视听资料应当调取原件。取得原件确有困难或者因保密工作需要不能调取原件的，可以调取副本或者复制件。 调取物证的照片、录像和书证、视听资料的副本、复制件的，应当书面记明不能调取原物、原件的原因，原物、原件存放地点，制作过程，是否与原物、原件相符，并由调查人员和物证、书证、视听资料原持有人签名或者盖章。持有人无法签名、盖章或者拒绝签名、盖章的，应当在笔录中记明，由见证人签名。	调取原物的，可以将原物封存，并拍照、录像。对原物拍照或者录像时，应当足以反映原物的外形、内容。 调取书证、视听资料应当调取原件。取得原件确有困难或者因保密工作需要不能调取原件的，可以调取副本或者复制件。 调取物证的照片、录像和书证、视听资料的副本、复制件的，应当书面记明不能调取原物、原件的原因，原物、原件存放地点，制作过程，是否与原物、原件相符，并由调查人员和物证、书证、视听资料原持有人签名或者盖章。持有人无法签名、盖章或者拒绝签名、盖章的，应当在笔录中记明，由见证人签名。	是原物不便搬运；二是原物不便保存；三是依法应当将原物返还他人；四是因保密工作需要不能调取原物。

修订前	修订后	知识点提醒 (含简要修改说明)
第一百二十二条 调取外文材料作为证据使用的,应当交由具有资质的机构和人员出具中文译本。中文译本应当加盖翻译机构公章。	第一百五十二条 调取外文材料作为证据使用的,应当交由具有资质的机构和人员出具中文译本。中文译本应当加盖翻译机构公章。	本条内容未发生变化。
第一百二十三条 收集、提取电子数据,能够扣押原始存储介质的,应当予以扣押、封存并在笔录中记录封存状态。无法扣押原始存储介质的,可以提取电子数据,但应当在笔录中记明不能扣押的原因、原始存储介质的存放地点或者电子数据的来源等情况。 由于客观原因无法或者不宜采取前款规定方式收集、提取电子数据的,可以采取打印、拍照或者录像等方式固定相关证据,并在笔录中说明原因。 收集、提取的电子数据,足以保证完整性,无删除、修改、增加等情形的,可以作为证据使用。	第一百五十三条 收集、提取电子数据,能够扣押原始存储介质的,应当予以扣押、封存并在笔录中记录封存状态。无法扣押原始存储介质的,可以**采取调取、勘验检查措施,通过现场或者网络远程收集**、提取电子数据,但应当在笔录中记明不能扣押的原因、原始存储介质的存放地点或者电子数据的来源等情况。 由于客观原因无法或者不宜采取前款规定方式收集、提取电子数据的,可以采取打印、拍照或者录像等方式固定相关证据,并在笔录中说明原因。 收集、提取的电子数据,足以保证	本条第一款"采取调取、勘验检查措施,通过现场或者网络远程收集"系新增内容。

修订前	修订后	知识点提醒（含简要修改说明）
收集、提取电子数据，应当制作笔录，记录案由、对象、内容，收集、提取电子数据的时间、地点、方法、过程，并附电子数据清单，注明类别、文件格式、完整性校验值等，由调查人员、电子数据持有人（提供人）签名或者盖章；电子数据持有人（提供人）无法签名或者拒绝签名的，应当在笔录中记明，由见证人签名或者盖章。有条件的，应当对相关活动进行录像。	完整性，无删除、修改、增加等情形的，可以作为证据使用。 　　收集、提取电子数据，应当制作笔录，记录案由、对象、内容，收集、提取电子数据的时间、地点、方法、过程，并附电子数据清单，注明类别、文件格式、完整性校验值等，由调查人员、电子数据持有人（提供人）签名或者盖章；电子数据持有人（提供人）无法签名或者拒绝签名的，应当在笔录中记明，由见证人签名或者盖章。有条件的，应当对相关活动进行录像。	
第一百二十四条　调取的物证、书证、视听资料等原件，经查明与案件无关的，经审批，应当在查明后三日以内退还，并办理交接手续。	**第一百五十四条**　调取的物证、书证、视听资料等原件，经查明与案件无关的，经审批，应当在查明后三日以内退还，并办理交接手续。	本条内容未发生变化。

修订前	修订后	知识点提醒 (含简要修改说明)
第十节 查封、扣押	第十三节 查封、扣押	
第一百二十五条 监察机关按规定报批后，可以依法查封、扣押用以证明被调查人涉嫌违法犯罪以及情节轻重的财物、文件、电子数据等证据材料。 对于被调查人到案时随身携带的物品，以及被调查人或者其他相关人员主动上交的财物和文件，依法需要扣押的，依照前款规定办理。对于被调查人随身携带的与案件无关的个人用品，应当逐件登记，随案移交或者退还。	**第一百五十五条** 监察机关按规定报批后，可以依法查封、扣押用以证明被调查人涉嫌违法犯罪以及情节轻重的财物、文件、电子数据等证据材料。 对于被调查人到案时随身携带的物品，以及被调查人或者其他相关人员主动上交的财物和文件，依法需要扣押的，依照前款规定办理。对于被调查人随身携带的与案件无关的个人用品，应当逐件登记，随案移交或者退还。	本条内容未发生变化。
第一百二十六条 查封、扣押时，应当出具《查封/扣押通知书》，调查人员不得少于二人。持有人拒绝交出应当查封、扣押的财物和文件的，可以依法强制查封、扣押。 调查人员对于查封、扣押的财物和	**第一百五十六条** 对查封、扣押工作，应当全程同步录音录像。 查封、扣押时，应当出具《查封/扣押通知书》，调查人员不得少于二人。持有人拒绝交出应当查封、扣押的财物和文件的，可以依法强制查封、扣押。	本条第一款系新增内容。 【关联规定】《中国共产党纪律检查机关监督执纪工作规则》第四十八条规定，对涉嫌严重违纪或者

修订前	修订后	知识点提醒 （含简要修改说明）
文件，应当会同在场见证人和被查封、扣押财物持有人进行清点核对，开列《查封/扣押财物、文件清单》，由调查人员、见证人和持有人签名或者盖章。持有人不在场或者拒绝签名、盖章的，调查人员应当在清单上记明。 　　查封、扣押财物，应当为被调查人及其所扶养的亲属保留必需的生活费用和物品。	调查人员对于查封、扣押的财物和文件，应当会同在场见证人和被查封、扣押财物持有人进行清点核对，开列《查封/扣押财物、文件清单》，由调查人员、见证人和持有人签名或者盖章。持有人不在场或者拒绝签名、盖章的，调查人员应当在清单上记明。 　　查封、扣押财物，应当为被调查人及其所扶养的亲属保留必需的生活费用和物品。	职务违法、职务犯罪问题的审查调查谈话、搜查、查封、扣押（暂扣、封存）涉案财物等重要取证工作应当全过程进行录音录像，并妥善保管，及时归档，案件监督管理部门定期核查。
第一百二十七条　查封、扣押不动产和置于该不动产上不宜移动的设施、家具和其他相关财物，以及车辆、船舶、航空器和大型机械、设备等财物，必要时可以依法扣押其权利证书，经拍照或者录像后原地封存。调查人员应当	**第一百五十七条**　查封、扣押不动产和置于该不动产上不宜移动的设施、家具和其他相关财物，以及车辆、船舶、航空器和大型机械、设备等财物，必要时可以依法扣押其权利证书，经拍照或者录像后原地封存。调查人员应当	本条内容未发生变化。

修订前	修订后	知识点提醒 （含简要修改说明）
在查封清单上记明相关财物的所在地址和特征，已经拍照或者录像及其权利证书被扣押的情况，由调查人员、见证人和持有人签名或者盖章。持有人不在场或者拒绝签名、盖章的，调查人员应当在清单上记明。 　　查封、扣押前款规定财物的，必要时可以将被查封财物交给持有人或者其近亲属保管。调查人员应当告知保管人妥善保管，不得对被查封财物进行转移、变卖、毁损、抵押、赠予等处理。 　　调查人员应当将《查封/扣押通知书》送达不动产、生产设备或者车辆、船舶、航空器等财物的登记、管理部门，告知其在查封期间禁止办理抵押、	在查封清单上记明相关财物的所在地址和特征，已经拍照或者录像及其权利证书被扣押的情况，由调查人员、见证人和持有人签名或者盖章。持有人不在场或者拒绝签名、盖章的，调查人员应当在清单上记明。 　　查封、扣押前款规定财物的，必要时可以将被查封财物交给持有人或者其近亲属保管。调查人员应当告知保管人妥善保管，不得对被查封财物进行转移、变卖、毁损、抵押、赠予等处理。 　　调查人员应当将《查封/扣押通知书》送达不动产、生产设备或者车辆、船舶、航空器等财物的登记、管理部门，告知其在查封期间禁止办理抵押、	

修订前	修订后	知识点提醒（含简要修改说明）
转让、出售等权属关系变更、转移登记手续。相关情况应当在查封清单上记明。被查封、扣押的财物已经办理抵押登记的，监察机关在执行没收、追缴、责令退赔等决定时应当及时通知抵押权人。	转让、出售等权属关系变更、转移登记手续。相关情况应当在查封清单上记明。被查封、扣押的财物已经办理抵押登记的，监察机关在执行没收、追缴、责令退赔等决定时应当及时通知抵押权人。	
第一百二十八条 查封、扣押下列物品，应当依法进行相应的处理： （一）查封、扣押外币、金银珠宝、文物、名贵字画以及其他不易辨别真伪的贵重物品，具备当场密封条件的，应当当场密封，由二名以上调查人员在密封材料上签名并记明密封时间。不具备当场密封条件的，应当在笔录中记明，以拍照、录像等方法加以保全后进行封	**第一百五十八条** 查封、扣押下列物品，应当依法进行相应的处理： （一）查封、扣押外币、金银珠宝、文物、名贵字画以及其他不易辨别真伪的贵重物品，具备当场密封条件的，应当当场密封，由二名以上调查人员在密封材料上签名并记明密封时间。不具备当场密封条件的，应当在笔录中记明，以拍照、录像等方法加以保全后进行封	本条第五项中"经被调查人申请并经监察机关批准，由被调查人亲属或者被调查人委托的其他人员在监察机关监督下自行变现后上缴违法所得及孳息""并说明涉嫌犯罪所得及孳息数额"均系新增内容。

· 111 ·

修订前	修订后	知识点提醒 (含简要修改说明)
存。查封、扣押的贵重物品需要鉴定的，应当及时鉴定。 （二）查封、扣押存折、银行卡、有价证券等支付凭证和具有一定特征能够证明案情的现金，应当记明特征、编号、种类、面值、张数、金额等，当场密封，由二名以上调查人员在密封材料上签名并记明密封时间。 （三）查封、扣押易损毁、灭失、变质等不宜长期保存的物品以及有消费期限的卡、券，应当在笔录中记明，以拍照、录像等方法加以保全后进行封存，或者经审批委托有关机构变卖、拍卖。变卖、拍卖的价款存入专用账户保管，待调查终结后一并处理。	存。查封、扣押的贵重物品需要鉴定的，应当及时鉴定。 （二）查封、扣押存折、银行卡、有价证券等支付凭证和具有一定特征能够证明案情的现金，应当记明特征、编号、种类、面值、张数、金额等，当场密封，由二名以上调查人员在密封材料上签名并记明密封时间。 （三）查封、扣押易损毁、灭失、变质等不宜长期保存的物品以及有消费期限的卡、券，应当在笔录中记明，以拍照、录像等方法加以保全后进行封存，或者经审批委托有关机构变卖、拍卖。变卖、拍卖的价款存入专用账户保管，待调查终结后一并处理。	

修订前	修订后	知识点提醒 (含简要修改说明)
（四）对于可以作为证据使用的录音录像、电子数据存储介质，应当记明案由、对象、内容，录制、复制的时间、地点、规格、类别、应用长度、文件格式及长度等，制作清单。具备查封、扣押条件的电子设备、存储介质应当密封保存。必要时，可以请有关机关协助。 （五）对被调查人使用违法犯罪所得与合法收入共同购置的不可分割的财产，可以先行查封、扣押。对无法分割退还的财产，涉及违法的，可以在结案后委托有关单位拍卖、变卖，退还不属于违法所得的部分及孳息；涉及职务犯罪的，依法移送司法机关处置。 （六）查封、扣押危险品、违禁品，应当及时送交有关部门，或者根据工作需要严格封存保管。	（四）对于可以作为证据使用的录音录像、电子数据存储介质，应当记明案由、对象、内容，录制、复制的时间、地点、规格、类别、应用长度、文件格式及长度等，制作清单。具备查封、扣押条件的电子设备、存储介质应当密封保存。必要时，可以请有关机关协助。 （五）对被调查人使用违法犯罪所得与合法收入共同购置的不可分割的财产，可以先行查封、扣押。对无法分割退还的财产，涉及违法的，可以**经被调查人申请并经监察机关批准，由被调查人亲属或者被调查人委托的其他人员在监察机关监督下自行变现后上缴违法所得及孳息**，也可以由监察机关在结案后委托有关单位拍卖、变卖，退还不属于违法所得的部分及孳息；涉及职务犯罪的，	

· 113 ·

修订前	修订后	知识点提醒（含简要修改说明）
	依法移送司法机关处置，**并说明涉嫌犯罪所得及孳息数额**。 （六）查封、扣押危险品、违禁品，应当及时送交有关部门，或者根据工作需要严格封存保管。	
第一百二十九条 对于需要启封的财物和文件，应当由二名以上调查人员共同办理。重新密封时，由二名以上调查人员在密封材料上签名、记明时间。	**第一百五十九条** 对于需要启封的财物和文件，应当由二名以上调查人员共同办理。重新密封时，由二名以上调查人员在密封材料上签名、记明时间。	本条内容未发生变化。
第一百三十条 查封、扣押涉案财物，应当按规定将涉案财物详细信息、《查封/扣押财物、文件清单》录入并上传监察机关涉案财物信息管理系统。 对于涉案款项，应当在采取措施后十五日以内存入监察机关指定的专用账户。对于涉案物品，应当在采取措施后三十日以内移交涉案财物保管部门保管。	**第一百六十条** 查封、扣押涉案财物，应当按规定将涉案财物详细信息、《查封/扣押财物、文件清单》录入并上传监察机关涉案财物信息管理系统。 对于涉案款项，应当在采取措施后十五日以内存入监察机关指定的专用账户。对于涉案物品，应当在采取措施后三十日以内移交涉案财物保管部门保管。	本条内容未发生变化。

修订前	修订后	知识点提醒 （含简要修改说明）
因特殊原因不能按时存入专用账户或者移交保管的，应当按规定报批，将保管情况录入涉案财物信息管理系统，在原因消除后及时存入或者移交。	因特殊原因不能按时存入专用账户或者移交保管的，应当按规定报批，将保管情况录入涉案财物信息管理系统，在原因消除后及时存入或者移交。	
第一百三十一条　对于已移交涉案财物保管部门保管的涉案财物，根据调查工作需要，经审批可以临时调用，并应当确保完好。调用结束后，应当及时归还。调用和归还时，调查人员、保管人员应当当面清点查验。保管部门应当对调用和归还情况进行登记，全程录像并上传涉案财物信息管理系统。	第一百六十一条　对于已移交涉案财物保管部门保管的涉案财物，根据调查工作需要，经审批可以临时调用，并应当确保完好。调用结束后，应当及时归还。调用和归还时，调查人员、保管人员应当当面清点查验。保管部门应当对调用和归还情况进行登记，全程录像并上传涉案财物信息管理系统。	本条表述未发生变化。
第一百三十二条　对于被扣押的股票、债券、基金份额等财产，以及即将到期的汇票、本票、支票，依法需要出售或者变现的，按照本条例关于出售冻结财产的规定办理。	第一百六十二条　对于被扣押的股票、债券、基金份额等财产，以及即将到期的汇票、本票、支票，依法需要出售或者变现的，按照本条例关于出售冻结财产的规定办理。	本条表述未发生变化。

修订前	修订后	知识点提醒 (含简要修改说明)
第一百三十三条 监察机关接受司法机关、其他监察机关等国家机关移送的涉案财物后，该国家机关采取的查封、扣押期限届满，监察机关续行查封、扣押的顺位与该国家机关查封、扣押的顺位相同。	**第一百六十三条** 监察机关接受司法机关、其他监察机关等国家机关移送的涉案财物后，该国家机关采取的查封、扣押期限届满，监察机关续行查封、扣押的顺位与该国家机关查封、扣押的顺位相同。	本条表述未发生变化。
第一百三十四条 对查封、扣押的财物和文件，应当及时进行核查。经查明与案件无关的，经审批，应当在查明后三日以内解除查封、扣押，予以退还。解除查封、扣押的，应当向有关单位、原持有人或者近亲属送达《解除查封/扣押通知书》，附《解除查封/扣押财物、文件清单》，要求其签名或者盖章。	**第一百六十四条** 对查封、扣押的财物和文件，应当及时进行核查。经查明与案件无关的，经审批，应当在查明后三日以内解除查封、扣押，予以退还。解除查封、扣押的，应当向有关单位、原持有人或者近亲属送达《解除查封/扣押通知书》，附《解除查封/扣押财物、文件清单》，要求其签名或者盖章。	本条表述未发生变化。

修订前	修订后	知识点提醒 (含简要修改说明)
第一百三十五条 在立案调查之前，对监察对象及相关人员主动上交的涉案财物，经审批可以接收。 接收时，应当由二名以上调查人员，会同持有人和见证人进行清点核对，当场填写《主动上交财物登记表》。调查人员、持有人和见证人应当在登记表上签名或者盖章。 对于主动上交的财物，应当根据立案及调查情况及时决定是否依法查封、扣押。	**第一百六十五条** 在立案调查之前，对监察对象及相关人员主动上交的涉案财物，经审批可以接收。 接收时，应当由二名以上调查人员，会同持有人和见证人进行清点核对，当场填写《主动上交财物登记表》。调查人员、持有人和见证人应当在登记表上签名或者盖章。 对于主动上交的财物，应当根据立案及调查情况及时决定是否依法查封、扣押。	本条表述未发生变化。
第十一节　勘验检查	第十四节　勘验检查、**调查实验**	本节标题中的"调查实验"系新增内容。
第一百三十六条 监察机关按规定报批后，可以依法对与违法犯罪有关的场所、物品、人身、尸体、电子数据等进行勘验检查。	**第一百六十六条** 监察机关按规定报批后，可以依法对与违法犯罪有关的场所、物品、人身、尸体、电子数据等进行勘验检查。	本条表述未发生变化。

修订前	修订后	知识点提醒（含简要修改说明）
第一百三十七条 依法需要勘验检查的，应当制作《勘验检查证》；需要委托勘验检查的，应当出具《委托勘验检查书》，送具有专门知识、**勘验检查资格的单位**（人员）办理。	**第一百六十七条** 依法需要勘验检查的，应当制作《勘验检查证》；需要委托勘验检查的，应当出具《委托勘验检查书》，送具有专门知识**的人**办理。	本条删除了"勘验检查资格的单位"的表述。
第一百三十八条 勘验检查应当由二名以上调查人员主持，邀请与案件无关的见证人在场。勘验检查情况应当制作笔录，并由参加勘验检查人员和见证人签名。 勘验检查现场、拆封电子数据存储介质应当全程同步录音录像。对现场情况应当拍摄现场照片、制作现场图，并由勘验检查人员签名。	第一百六十八条 勘验检查应当由二名以上调查人员主持，邀请与案件无关的见证人在场。勘验检查情况应当制作笔录，并由参加勘验检查人员和见证人签名**或者盖章**。 勘验检查现场、拆封电子数据存储介质应当全程同步录音录像。对现场情况应当拍摄现场照片、制作现场图，并由勘验检查人员签名**或者盖章**。	本条第一款、第二款中"盖章"系新增内容。

修订前	修订后	知识点提醒 （含简要修改说明）
第一百三十九条 为了确定被调查人或者相关人员的某些特征、伤害情况或者生理状态，可以依法对其人身进行检查。必要时可以聘请法医或者医师进行人身检查。检查女性身体，应当由女性工作人员或者医师进行。被调查人拒绝检查的，可以依法强制检查。 人身检查不得采用损害被检查人生命、健康或者贬低其名誉、人格的方法。对人身检查过程中知悉的个人隐私，应当严格保密。 对人身检查的情况应当制作笔录，由参加检查的调查人员、检查人员、被检查人员和见证人签名。被检查人员拒绝签名的，调查人员应当在笔录中记明。	**第一百六十九条** 为了确定被调查人或者相关人员的某些特征、伤害情况或者生理状态，可以依法对其人身进行检查。必要时可以聘请法医或者医师进行人身检查。检查女性身体，应当由女性工作人员或者医师进行。被调查人拒绝检查的，可以依法强制检查。 人身检查不得采用损害被检查人生命、健康或者贬低其名誉、人格的方法。对人身检查过程中知悉的个人隐私，应当严格保密。 对人身检查的情况应当制作笔录，由参加检查的调查人员、检查人员、被检查人员和见证人签名**或者盖章**。被检查人员拒绝签名、**盖章**的，调查人员应当在笔录中记明。	本条第三款中"盖章"系新增内容。

修订前	修订后	知识点提醒 (含简要修改说明)
第一百四十条 为查明案情，在必要的时候，经审批可以依法进行调查实验。调查实验，可以聘请有关专业人员参加，也可以要求被调查人、被害人、证人参加。 进行调查实验，应当全程同步录音录像，制作调查实验笔录，由参加实验的人签名。进行调查实验，禁止一切足以造成危险、侮辱人格的行为。	**第一百七十条** 为查明案情，在必要的时候，经审批可以依法进行调查实验。调查实验，可以聘请有关专业人员参加，也可以要求被调查人、被害人、证人参加。 进行调查实验，应当全程同步录音录像，制作调查实验笔录，由参加实验的人签名**或者盖章**。进行调查实验，禁止一切足以造成危险、侮辱人格的行为。 **调查实验的条件与事件发生时的条件有明显差异，或者存在影响实验结论科学性的其他情形的，调查实验笔录不得作为认定案件的依据。**	本条第二款中"盖章"系新增内容。 第三款系新增内容。
第一百四十一条 调查人员在必要时，可以依法让被害人、证人和被调查人对与违法犯罪有关的物品、文件、尸	**第一百七十一条** 调查人员在必要时，可以依法让被害人、证人和被调查人对与违法犯罪有关的物品、文件、尸	本条第二款中"盖章"系新增内容。

修订前	修订后	知识点提醒 (含简要修改说明)
体或者场所进行辨认；也可以让被害人、证人对被调查人进行辨认，或者让被调查人对涉案人员进行辨认。 　　辨认工作应当由二名以上调查人员主持进行。在辨认前，应当向辨认人详细询问辨认对象的具体特征，避免辨认人见到辨认对象，并告知辨认人作虚假辨认应当承担的法律责任。几名辨认人对同一辨认对象进行辨认时，应当由辨认人个别进行。辨认应当形成笔录，并由调查人员、辨认人签名。	体或者场所进行辨认；也可以让被害人、证人对被调查人进行辨认，或者让被调查人对涉案人员进行辨认。 　　辨认工作应当由二名以上调查人员主持进行。在辨认前，应当向辨认人详细询问辨认对象的具体特征，避免辨认人见到辨认对象，并告知辨认人作虚假辨认应当承担的法律责任。几名辨认人对同一辨认对象进行辨认时，应当由辨认人个别进行。辨认应当形成笔录，并由调查人员、辨认人签名**或者盖章**。	
第一百四十二条　辨认人员时，被辨认的人数不得少于七人，照片不得少于十张。 　　辨认人不愿公开进行辨认时，应当在不暴露辨认人的情况下进行辨认，并为其保守秘密。	**第一百七十二条**　辨认人员时，被辨认的人数不得少于七人，照片不得少于十张。 　　辨认人不愿公开进行辨认时，应当在不暴露辨认人的情况下进行辨认，并为其保守秘密。	本条表述未发生变化。

修订前	修订后	知识点提醒 (含简要修改说明)
第一百四十三条 组织辨认物品时一般应当辨认实物。被辨认的物品系名贵字画等贵重物品或者存在不便搬运等情况的，可以对实物照片进行辨认。辨认人进行辨认时，应当在辨认出的实物照片与附纸骑缝上捺指印予以确认，在附纸上写明该实物涉案情况并签名、捺指印。 辨认物品时，同类物品不得少于五件，照片不得少于五张。 对于难以找到相似物品的特定物，可以将该物品照片交由辨认人进行确认后，在照片与附纸骑缝上捺指印，在附纸上写明该物品涉案情况并签名、捺指印。在辨认人确认前，应当向其详细询问物品的具体特征，并对确认过程和结果形成笔录。	**第一百七十三条** 组织辨认物品时一般应当辨认实物。被辨认的物品系名贵字画等贵重物品或者存在不便搬运等情况的，可以对实物照片进行辨认。辨认人进行辨认时，应当在辨认出的实物照片与附纸骑缝上捺指印予以确认，在附纸上写明该实物涉案情况并签名、捺指印。 辨认物品时，同类物品不得少于五件，照片不得少于五张。 对于难以找到相似物品的特定物，可以将该物品照片交由辨认人进行确认后，在照片与附纸骑缝上捺指印，在附纸上写明该物品涉案情况并签名、捺指印。在辨认人确认前，应当向其详细询问物品的具体特征，并对确认过程和结果形成笔录。	本条表述未发生变化。

修订前	修订后	知识点提醒 (含简要修改说明)
第一百四十四条 辨认笔录具有下列情形之一的，不得作为认定案件的依据： （一）辨认开始前使辨认人见到辨认对象的； （二）辨认活动没有个别进行的； （三）辨认对象没有混杂在具有类似特征的其他对象中，或者供辨认的对象数量不符合规定的，但特定辨认对象除外； （四）辨认中给辨认人明显暗示或者明显有指认嫌疑的； （五）辨认不是在调查人员主持下进行的； （六）违反有关规定，不能确定辨认笔录真实性的其他情形。	**第一百七十四条** 辨认笔录具有下列情形之一的，不得作为认定案件的依据： （一）辨认开始前使辨认人见到辨认对象的； （二）辨认活动没有个别进行的； （三）辨认对象没有混杂在具有类似特征的其他对象中，或者供辨认的对象数量不符合规定的，但特定辨认对象除外； （四）辨认中给辨认人明显暗示或者明显有指认嫌疑的； （五）辨认不是在调查人员主持下进行的； （六）违反有关规定，不能确定辨认笔录真实性的其他情形。	本条表述未发生变化。

修订前	修订后	知识点提醒 (含简要修改说明)
辨认笔录存在其他瑕疵的，应当结合全案证据审查其真实性和关联性，作出综合判断。	辨认笔录存在其他瑕疵的，应当结合全案证据审查其真实性和关联性，作出综合判断。	
第十二节 鉴　　定	第十五节 鉴　　定	
第一百四十五条　监察机关为解决案件中的专门性问题，按规定报批后，可以依法进行鉴定。 　　鉴定时应当出具《委托鉴定书》，由二名以上调查人员送交具有鉴定资格的鉴定机构、鉴定人进行鉴定。	**第一百七十五条**　监察机关为解决案件中的专门性问题，按规定报批后，可以依法进行鉴定。 　　鉴定时应当出具《委托鉴定书》，由二名以上调查人员送交具有鉴定资格的鉴定机构、鉴定人进行鉴定。	本条表述未发生变化。
第一百四十六条　监察机关可以依法开展下列鉴定： 　　（一）对笔迹、印刷文件、污损文件、制成时间不明的文件和以其他形式表现的文件等进行鉴定； 　　（二）对案件中涉及的财务会计资料及相关财物进行会计鉴定；	**第一百七十六条**　监察机关可以依法开展下列鉴定： 　　（一）对笔迹、印刷文件、污损文件、制成时间不明的文件和以其他形式表现的文件等进行鉴定； 　　（二）对案件中涉及的财务会计资料及相关财物进行会计鉴定；	本条第六项，"电子数据"取代"电子证据"。

修订前	修订后	知识点提醒 (含简要修改说明)
（三）对被调查人、证人的行为能力进行精神病鉴定； （四）对人体造成的损害或者死因进行人身伤亡医学鉴定； （五）对录音录像资料进行鉴定； （六）对因电子信息技术应用而出现的材料及其派生物进行电子证据鉴定； （七）其他可以依法进行的专业鉴定。	（三）对被调查人、证人的行为能力进行精神病鉴定； （四）对人体造成的损害或者死因进行人身伤亡医学鉴定； （五）对录音录像资料进行鉴定； （六）对因电子信息技术应用而出现的材料及其派生物进行电子**数据**鉴定； （七）其他可以依法进行的专业鉴定。	
第一百四十七条 监察机关应当为鉴定提供必要条件，向鉴定人送交有关检材和对比样本等原始材料，介绍与鉴定有关的情况。调查人员应当明确提出要求鉴定事项，但不得暗示或者强迫鉴定人作出某种鉴定意见。	**第一百七十七条** 监察机关应当为鉴定提供必要条件，向鉴定人送交有关检材和对比样本等原始材料，介绍与鉴定有关的情况。调查人员应当明确提出要求鉴定事项，但不得暗示或者强迫鉴定人作出某种鉴定意见。	本条表述未发生变化。

修订前	修订后	知识点提醒 （含简要修改说明）
监察机关应当做好检材的保管和送检工作，记明检材送检环节的责任人，确保检材在流转环节的同一性和不被污染。	监察机关应当做好检材的保管和送检工作，记明检材送检环节的责任人，确保检材在流转环节的同一性和不被污染。	
第一百四十八条 鉴定人应当在出具的鉴定意见上签名，并附鉴定机构和鉴定人的资质证明或者其他证明文件。多个鉴定人的鉴定意见不一致的，应当在鉴定意见上记明分歧的内容和理由，并且分别签名。 监察机关对于法庭审理中依法决定鉴定人出庭作证的，应当予以协调。 鉴定人故意作虚假鉴定的，应当依法追究法律责任。	**第一百七十八条** 鉴定人应当在出具的鉴定意见上签名，并附鉴定机构和鉴定人的资质证明或者其他证明文件。多个鉴定人的鉴定意见不一致的，应当在鉴定意见上记明分歧的内容和理由，并且分别签名。 监察机关对于法庭审理中依法决定鉴定人出庭作证的，应当予以协调。 鉴定人故意作虚假鉴定的，应当依法追究法律责任。	本条表述未发生变化。

修订前	修订后	知识点提醒（含简要修改说明）
第一百四十九条 调查人员应当对鉴定意见进行审查。对经审查作为证据使用的鉴定意见，应当告知被调查人及相关单位、人员，送达《鉴定意见告知书》。 被调查人或者相关单位、人员提出补充鉴定或者重新鉴定申请，经审查符合法定要求的，应当按规定报批，进行补充鉴定或者重新鉴定。 对鉴定意见告知情况可以制作笔录，载明告知内容和被告知人的意见等。	第一百七十九条 调查人员应当对鉴定意见进行审查。对经审查作为证据使用的鉴定意见，应当告知被调查人及相关单位、人员，送达《鉴定意见告知书》。 被调查人或者相关单位、人员提出补充鉴定或者重新鉴定申请，经审查符合法定要求的，应当按规定报批，进行补充鉴定或者重新鉴定。 对鉴定意见告知情况可以制作笔录，载明告知内容和被告知人的意见等。	本条表述未发生变化。 本条规定了调查人员的审查义务，如鉴定人是否有应该回避的情形，鉴定人是否有鉴定资质，鉴定意见是否与其他证据有矛盾等。 对鉴定意见进行告知，不是必经程序。实践中，可将鉴定意见告知书回执附卷即可。
第一百五十条 经审查具有下列情形之一的，应当补充鉴定： （一）鉴定内容有明显遗漏的； （二）发现新的有鉴定意义的证物的；	第一百八十条 经审查具有下列情形之一的，应当补充鉴定： （一）鉴定内容有明显遗漏的； （二）发现新的有鉴定意义的证物的；	本条表述未发生变化。

修订前	修订后	知识点提醒 (含简要修改说明)
（三）对鉴定证物有新的鉴定要求的； （四）鉴定意见不完整，委托事项无法确定的； （五）其他需要补充鉴定的情形。	（三）对鉴定证物有新的鉴定要求的； （四）鉴定意见不完整，委托事项无法确定的； （五）其他需要补充鉴定的情形。	
第一百五十一条 经审查具有下列情形之一的，应当重新鉴定： （一）鉴定程序违法或者违反相关专业技术要求的； （二）鉴定机构、鉴定人不具备鉴定资质和条件的； （三）鉴定人故意作出虚假鉴定或者违反回避规定的； （四）鉴定意见依据明显不足的； （五）检材虚假或者被损坏的； （六）其他应当重新鉴定的情形。 决定重新鉴定的，应当另行确定鉴定机构和鉴定人。	**第一百八十一条** 经审查具有下列情形之一的，应当重新鉴定： （一）鉴定程序违法或者违反相关专业技术要求的； （二）鉴定机构、鉴定人不具备鉴定资质和条件的； （三）鉴定人故意作出虚假鉴定或者违反回避规定的； （四）鉴定意见依据明显不足的； （五）检材虚假或者被损坏的； （六）其他应当重新鉴定的情形。 决定重新鉴定的，应当另行确定鉴定机构和鉴定人。	本条表述未发生变化。

修订前	修订后	知识点提醒 (含简要修改说明)
第一百五十二条 因无鉴定机构，或者根据法律法规等规定，监察机关可以指派、聘请具有专门知识的人就案件的专门性问题出具报告。	**第一百八十二条** 因无鉴定机构，或者根据法律法规等规定，监察机关可以指派、聘请具有专门知识的人就案件的专门性问题出具报告。	本条表述未发生变化。
第十三节 技术调查	第十六节 技术调查	
第一百五十三条 监察机关根据调查涉嫌重大贪污贿赂等职务犯罪需要，依照规定的权限和程序报经批准，可以依法采取技术调查措施，按照规定交公安机关或者国家有关执法机关依法执行。 前款所称重大贪污贿赂等职务犯罪，是指具有下列情形之一： （一）案情重大复杂，涉及国家利益或者重大公共利益的； （二）被调查人可能被判处十年以上有期徒刑、无期徒刑或者死刑的；	**第一百八十三条** 监察机关根据调查涉嫌重大贪污贿赂等职务犯罪需要，依照规定的权限和程序报经批准，可以依法采取技术调查措施，按照规定交公安机关或者国家有关执法机关依法执行。	2021年《条例》第一百三十五条第二款已演化为《条例》第三百二十三条第二款。

修订前	修订后	知识点提醒 (含简要修改说明)
（三）案件在全国或者本省、自治区、直辖市范围内有较大影响的。		
第一百五十四条　依法采取技术调查措施的，监察机关应当出具《采取技术调查措施委托函》《采取技术调查措施决定书》和《采取技术调查措施适用对象情况表》，送交有关机关执行。其中，设区的市级以下监察机关委托有关执行机关采取技术调查措施，还应当提供《立案决定书》。	第一百八十四条　依法采取技术调查措施的，监察机关应当出具《采取技术调查措施委托函》《采取技术调查措施决定书》和《采取技术调查措施适用对象情况表》，送交有关机关执行。其中，设区的市级以下监察机关委托有关执行机关采取技术调查措施，还应当提供《立案决定书》。	本条内容未发生变化。
第一百五十五条　技术调查措施的期限按照监察法的规定执行，期限届满前未办理延期手续的，到期自动解除。 　　对于不需要继续采取技术调查措施的，监察机关应当按规定及时报批，将《解除技术调查措施决定书》送交有关机关执行。	第一百八十五条　技术调查措施的期限按照监察法的规定执行，期限届满前未办理延期手续的，到期自动解除。 　　对于不需要继续采取技术调查措施的，监察机关应当按规定及时报批，将《解除技术调查措施决定书》送交有关机关执行。	本条内容未发生变化。

修订前	修订后	知识点提醒（含简要修改说明）
需要依法变更技术调查措施种类或者增加适用对象的，监察机关应当重新办理报批和委托手续，依法送交有关机关执行。	需要依法变更技术调查措施种类或者增加适用对象的，监察机关应当重新办理报批和委托手续，依法送交有关机关执行。	
第一百五十六条 对于采取技术调查措施收集的信息和材料，依法需要作为刑事诉讼证据使用的，监察机关应当按规定报批，出具《调取技术调查证据材料通知书》向有关执行机关调取。 对于采取技术调查措施收集的物证、书证及其他证据材料，监察机关应当制作书面说明，写明获取证据的时间、地点、数量、特征以及采取技术调查措施的批准机关、种类等。调查人员应当在书面说明上签名。 对于采取技术调查措施获取的证据材料，如果使用该证据材料可能危及有关人员的人身安全，或者可能产生其他	**第一百八十六条** 对于采取技术调查措施收集的信息和材料，依法需要作为刑事诉讼证据使用的，监察机关应当按规定报批，出具《调取技术调查证据材料通知书》向有关执行机关调取。 对于采取技术调查措施收集的物证、书证及其他证据材料，监察机关应当制作书面说明，写明获取证据的时间、地点、数量、特征以及采取技术调查措施的批准机关、种类等。调查人员应当在书面说明上签名。 对于采取技术调查措施获取的证据材料，如果使用该证据材料可能危及有关人员的人身安全，或者可能产生其他	本条内容未发生变化。

修订前	修订后	知识点提醒 (含简要修改说明)
严重后果的，应当采取不暴露有关人员身份、技术方法等保护措施。必要时，可以建议由审判人员在庭外进行核实。	严重后果的，应当采取不暴露有关人员身份、技术方法等保护措施。必要时，可以建议由审判人员在庭外进行核实。	
第一百五十七条　调查人员对采取技术调查措施过程中知悉的国家秘密、商业秘密、个人隐私，应当严格保密。 　　采取技术调查措施获取的证据、线索及其他有关材料，只能用于对违法犯罪的调查、起诉和审判，不得用于其他用途。 　　对采取技术调查措施获取的与案件无关的材料，应当经审批及时销毁。对销毁情况应当制作记录，由调查人员签名。	第一百八十七条　调查人员对采取技术调查措施过程中知悉的国家秘密、**工作秘密**、商业秘密、个人隐私**和个人信息**，应当严格保密。 　　采取技术调查措施获取的证据、线索及其他有关材料，只能用于对违法犯罪的调查、起诉和审判，不得用于其他用途。 　　对采取技术调查措施获取的与案件无关的材料，应当经审批及时销毁。对销毁情况应当制作记录，由调查人员签名。	*本条第一款中的"工作秘密、个人信息"系新增内容。*

修订前	修订后	知识点提醒 (含简要修改说明)
第十四节　通　缉	第十七节　通　缉	
第一百五十八条　县级以上监察机关对在逃的应当被留置人员，依法决定在本行政区域内通缉的，应当按规定报批，送交同级公安机关执行。送交执行时，应当出具《通缉决定书》，附《留置决定书》等法律文书和被通缉人员信息，以及承办单位、承办人员等有关情况。 通缉范围超出本行政区域的，应当报有决定权的上级监察机关出具《通缉决定书》，并附《留置决定书》及相关材料，送交同级公安机关执行。	**第一百八十八条**　县级以上监察机关对在逃的应当被留置人员，依法决定在本行政区域内通缉的，应当按规定报批，送交同级公安机关执行。送交执行时，应当出具《通缉决定书》，附《留置决定书》等法律文书和被通缉人员信息，以及承办单位、承办人员等有关情况。 通缉范围超出本行政区域的，应当报有决定权的上级监察机关出具《通缉决定书》，并附《留置决定书》及相关材料，送交同级公安机关执行。	本条内容未发生变化。
第一百五十九条　国家监察委员会依法需要提请公安部对在逃人员发布公安部通缉令的，应当先提请公安部采取网上追逃措施。如情况紧急，可以向公	**第一百八十九条**　国家监察委员会依法需要提请公安部对在逃人员发布公安部通缉令的，应当先提请公安部采取网上追逃措施。如情况紧急，可以向公	本条内容未发生变化。

修订前	修订后	知识点提醒 (含简要修改说明)
安部同时出具《通缉决定书》和《提请采取网上追逃措施函》。 省级以下监察机关报请国家监察委员会提请公安部发布公安部通缉令的,应当先提请本地公安机关采取网上追逃措施。	安部同时出具《通缉决定书》和《提请采取网上追逃措施函》。 省级以下监察机关报请国家监察委员会提请公安部发布公安部通缉令的,应当先提请本地公安机关采取网上追逃措施。	
第一百六十条 监察机关接到公安机关抓获被通缉人员的通知后,应当立即核实被抓获人员身份,并在接到通知后二十四小时以内派员办理交接手续。边远或者交通不便地区,至迟不得超过三日。 公安机关在移交前,将被抓获人员送往当地监察机关留置场所临时看管的,当地监察机关应当接收,并保障临时看管期间的安全,对工作信息严格保密。	**第一百九十条** 监察机关接到公安机关抓获被通缉人员的通知后,应当立即核实被抓获人员身份,并在接到通知后二十四小时以内派员办理交接手续。边远或者交通不便地区,至迟不得超过三日。 公安机关在移交前,将被抓获人员送往当地监察机关留置场所临时看管的,当地监察机关应当接收,并保障临时看管期间的安全,对工作信息严格保密。	本条内容未发生变化。

修订前	修订后	知识点提醒 （含简要修改说明）
监察机关需要提请公安机关协助将被抓获人员带回的，应当按规定报批，请本地同级公安机关依法予以协助。提请协助时，应当出具《提请协助采取留置措施函》，附《留置决定书》复印件及相关材料。	监察机关需要提请公安机关协助将被抓获人员带回的，应当按规定报批，请本地同级公安机关依法予以协助。提请协助时，应当出具《提请协助采取留置措施函》，附《留置决定书》复印件及相关材料。	
第一百六十一条　监察机关对于被通缉人员已经归案、死亡，或者依法撤销留置决定以及发现有其他不需要继续采取通缉措施情形的，应当经审批出具《撤销通缉通知书》，送交协助采取原措施的公安机关执行。	第一百九十一条　监察机关对于被通缉人员已经归案、死亡，或者依法撤销留置决定以及发现有其他不需要继续采取通缉措施情形的，应当经审批出具《撤销通缉通知书》，送交协助采取原措施的公安机关执行。**需要撤销网上追逃措施的，监察机关应当出具《撤销网上追逃通知书》，送交协助采取原措施的公安机关执行。**	本条第二句话系新增内容。

修订前	修订后	知识点提醒 （含简要修改说明）
第十五节　限 制 出 境	第十八节　限 制 出 境	
第一百六十二条　监察机关为防止被调查人及相关人员逃匿境外，按规定报批后，可以依法决定采取限制出境措施，交由移民管理机构依法执行。	**第一百九十二条**　监察机关为防止被调查人及相关人员逃匿境外，按规定报批后，可以依法决定采取限制出境措施，交由移民管理机构依法执行。	本条内容未发生变化。
第一百六十三条　监察机关采取限制出境措施应当出具有关函件，与《采取限制出境措施决定书》一并送交移民管理机构执行。其中，采取边控措施的，应当附《边控对象通知书》；采取法定不批准出境措施的，应当附《法定不准出境人员报备表》。	**第一百九十三条**　监察机关采取限制出境措施应当出具有关函件，与采取限制出境措施决定书**等文书材料**一并送交移民管理机构执行。其中，采取边控措施的，应当附《边控对象通知书》；采取法定不批准出境措施的，应当附《法定不准出境人员报备表》。	"等文书材料"系新增内容。
第一百六十四条　限制出境措施有效期不超过三个月，到期自动解除。 　　到期后仍有必要继续采取措施的，应当按原程序报批。承办部门应当出具	**第一百九十四条**　限制出境措施有效期不超过三个月，到期自动解除。 　　到期后仍有必要继续采取**边控**措施的，应当按原程序报批。承办部门应当	本条第二款中的"边控"系新增内容。 第三款系新增内容。

修订前	修订后	知识点提醒（含简要修改说明）
有关函件，在到期前与《延长限制出境措施期限决定书》一并送交移民管理机构执行。延长期限每次不得超过三个月。	出具有关函件，在到期前与《延长限制出境措施期限决定书》一并送交移民管理机构执行。延长期限每次不得超过三个月。**到期后仍有必要继续采取法定不批准出境措施的，应当在报备期满三日前按规定再次办理法定不批准出境人员报备手续。**	
第一百六十五条　监察机关接到口岸移民管理机构查获被决定采取留置措施的边控对象的通知后，应当于二十四小时以内到达口岸办理移交手续。无法及时到达的，应当委托当地监察机关及时前往口岸办理移交手续。当地监察机关应当予以协助。	第一百九十五条　监察机关接到口岸移民管理机构查获被决定采取留置措施的边控对象的通知后，应当于二十四小时以内到达口岸办理移交手续。无法及时到达的，应当委托当地监察机关及时前往口岸办理移交手续。当地监察机关应当予以协助。	本条内容未发生变化。
第一百六十六条　对于不需要继续采取限制出境措施的，应当按规定报批，及时予以解除。承办部门应当出具	第一百九十六条　对于不需要继续采取限制出境措施的，应当按规定报批，及时予以解除。承办部门应当出具	本条内容未发生变化。

修订前	修订后	知识点提醒 (含简要修改说明)
有关函件,与《解除限制出境措施决定书》一并送交移民管理机构执行。	有关函件,与《解除限制出境措施决定书》一并送交移民管理机构执行。	
第一百六十七条 县级以上监察机关在重要紧急情况下,经审批可以依法直接向口岸所在地口岸移民管理机构提请办理临时限制出境措施。	**第一百九十七条** 县级以上监察机关在重要紧急情况下,经审批可以依法直接向口岸所在地口岸移民管理机构提请办理临时限制出境措施,**期限不超过七日,不能延期**。	"期限不超过七日,不能延期"系新增内容。
第五章　监察程序	第五章　监察程序	本节线索处置包含初步核实内容,初步核实作为线索处置方式之一,不再独立于线索处置。
第一节　线索处置	第一节　线索处置	
第一百六十八条 监察机关应当对问题线索归口受理、集中管理、分类处置、定期清理。	**第一百九十八条** 监察机关应当对问题线索归口受理、集中管理、分类处置、定期清理。	本条内容未发生变化。

修订前	修订后	知识点提醒 (含简要修改说明)
第一百六十九条　监察机关对于报案或者举报应当依法接受。属于本级监察机关管辖的，依法予以受理；属于其他监察机关管辖的，应当在五个工作日以内予以转送。 　　监察机关可以向下级监察机关发函交办检举控告，并进行督办，下级监察机关应当按期回复办理结果。	第一百九十九条　监察机关对于报案或者举报应当依法接受。属于本级监察机关管辖的，依法予以受理；属于其他监察机关管辖的，应当在五个工作日以内予以转送。 　　监察机关可以向下级监察机关发函交办检举控告，并进行督办，下级监察机关应当按期回复办理结果。	本条内容未发生变化。
第一百七十条　对于涉嫌职务违法或者职务犯罪的公职人员主动投案的，应当依法接待和办理。	第二百条　对于涉嫌职务违法或者职务犯罪的公职人员自动投案的，应当依法接待和办理。	本条内容未发生变化。
第一百七十一条　监察机关对于执法机关、司法机关等其他机关移送的问题线索，应当及时审核，并按照下列方式办理： 　　（一）本单位有管辖权的，及时研究提出处置意见；	第二百零一条　监察机关对于执法机关、司法机关等其他机关移送的问题线索，应当及时审核，并按照下列方式办理： 　　（一）本单位有管辖权的，及时研究提出处置意见；	本条内容未发生变化。

修订前	修订后	知识点提醒 (含简要修改说明)
（二）本单位没有管辖权但其他监察机关有管辖权的，在五个工作日以内转送有管辖权的监察机关； （三）本单位对部分问题线索有管辖权的，对有管辖权的部分提出处置意见，并及时将其他问题线索转送有管辖权的机关； （四）监察机关没有管辖权的，及时退回移送机关。	（二）本单位没有管辖权但其他监察机关有管辖权的，在五个工作日以内转送有管辖权的监察机关； （三）本单位对部分问题线索有管辖权的，对有管辖权的部分提出处置意见，并及时将其他问题线索转送有管辖权的机关； （四）监察机关没有管辖权的，及时退回移送机关。	
第一百七十二条 信访举报部门归口受理本机关管辖监察对象涉嫌职务违法和职务犯罪问题的检举控告，统一接收有关监察机关以及其他单位移送的相关检举控告，移交本机关监督检查部门或者相关部门，并将移交情况通报案件监督管理部门。	**第二百零二条** 信访举报部门归口受理本机关管辖监察对象涉嫌职务违法和职务犯罪问题的检举控告，统一接收有关监察机关以及其他单位移送的相关检举控告，移交本机关监督检查部门或者相关部门，并将移交情况通报案件监督管理部门。	本条内容未发生变化。

修订前	修订后	知识点提醒（含简要修改说明）
案件监督管理部门统一接收巡视巡察机构和审计机关、执法机关、司法机关等其他机关移送的职务违法和职务犯罪问题线索，按程序移交本机关监督检查部门或者相关部门办理。 　　监督检查部门、调查部门在工作中发现的相关问题线索，属于本部门受理范围的，应当报送案件监督管理部门备案；属于本机关其他部门受理范围的，经审批后移交案件监督管理部门分办。	案件监督管理部门统一接收巡视巡察机构和审计机关、执法机关、司法机关等其他机关移送的职务违法和职务犯罪问题线索，按程序移交本机关监督检查部门或者相关部门办理。 　　监督检查部门、调查部门在工作中发现的相关问题线索，属于本部门受理范围的，应当报送案件监督管理部门备案；属于本机关其他部门受理范围的，经审批后移交案件监督管理部门分办。	
第一百七十三条　案件监督管理部门应当对问题线索实行集中管理、动态更新，定期汇总、核对问题线索及处置情况，向监察机关主要负责人报告，并向相关部门通报。 　　问题线索承办部门应当指定专人负责管理线索，逐件编号登记、建立管理	**第二百零三条**　案件监督管理部门应当对问题线索实行集中管理、动态更新，定期汇总、核对问题线索及处置情况，向监察机关主要负责人报告，并向相关部门通报。 　　问题线索承办部门应当指定专人负责管理线索，逐件编号登记、建立管理	本条内容未发生变化。

修订前	修订后	知识点提醒 (含简要修改说明)
台账。线索管理处置各环节应当由经手人员签名，全程登记备查，及时与案件监督管理部门核对。	台账。线索管理处置各环节应当由经手人员签名，全程登记备查，及时与案件监督管理部门核对。	
第一百七十四条　监督检查部门应当结合问题线索所涉及地区、部门、单位总体情况进行综合分析，提出处置意见并制定处置方案，经审批按照谈话、函询、初步核实、暂存待查、予以了结等方式进行处置，或者按照职责移送调查部门处置。 　　函询应当以监察机关办公厅（室）名义发函给被反映人，并抄送其所在单位和派驻监察机构主要负责人。被函询人应当在收到函件后十五个工作日以内写出说明材料，由其所在单位主要负责人签署意见后发函回复。被函询人为所在单位主要负责人的，或者被函询人所作说明涉及所在单位主要负责人的，应当	**第二百零四条**　监督检查部门应当结合问题线索所涉及地区、部门、单位总体情况进行综合分析，提出处置意见并制定处置方案，经审批按照**适当了解**、谈话、函询、初步核实、暂存待查、予以了结等方式进行处置，或者按照职责移送调查部门处置。	"适当了解"系新增内容。"适当了解"已是问题线索的处置方式之一。 2021年《条例》第一百七十四条第二款、第三款、第四款调整为第二百零六条第二款、第三款、第四款。

· 142 ·

修订前	修订后	知识点提醒 (含简要修改说明)
直接发函回复监察机关。 　　被函询人已经退休的，按照第二款规定程序办理。 　　监察机关根据工作需要，经审批可以对谈话、函询情况进行核实。		
	第二百零五条　采取适当了解方式处置问题线索，应当按规定报批后，依法依规向有关单位和个人了解情况，验证问题的真实性，不得采取限制人身、财产权利的措施，不得与被反映人接触。 　　承办部门应当根据适当了解的情况，提出谈话、函询、初步核实、拟立案调查、予以了结、暂存待查，或者移送有关部门、机关处理等建议，按程序报批后办理。	本条系新增内容。 　　根据本条第二款的规定，适当了解发现被反映人涉嫌违法需要追究法律责任的，可以提出拟立案调查的处置建议。

修订前	修订后	知识点提醒 (含简要修改说明)
	第二百零六条　采取谈话方式处置问题线索的，按照本条例第七十八条、第七十九条规定办理。 　　函询应当以监察机关办公厅（室）名义发函给被反映人，并抄送其所在单位和派驻监察机构主要负责人。被函询人应当在收到函件后十五个工作日以内写出说明材料，由其所在单位主要负责人签署意见后发函回复。被函询人为所在单位主要负责人的，或者被函询人所作说明涉及所在单位主要负责人的，应当直接发函回复监察机关。 　　被函询人已经退休的，按照第二款规定程序办理。 　　监察机关根据工作需要，经审批可以对谈话、函询情况进行**抽查**核实。	本条第一款、第五款均系新增内容。 　　《条例》第二百零六条第二款、第三款、第四款对应 2021 年《条例》第一百七十四条第二款、第三款、第四款。 　　本条第四款中的"抽查"系新增内容。

修订前	修订后	知识点提醒 (含简要修改说明)
	承办部门应当根据谈话、函询的情况，提出初步核实、拟立案调查、予以了结、暂存待查，或者移送有关部门、机关处理等建议，按程序报批后办理。	
	第二百零七条 监察机关对具有可查性的职务违法和职务犯罪问题线索，应当按规定报批后，依法开展初步核实工作。采取初步核实方式处置问题线索，应当确定初步核实对象，制定工作方案，明确需要核实的问题和采取的措施，成立核查组。 　　在初步核实中应当注重收集客观性证据，确保真实性和准确性。在初步核实中发现或者受理被核查人新的具有可查性的问题线索的，应当经审批纳入原初核方案开展核查。	《条例》第二百零七条对应 2021 年《条例》第一百七十六条、第一百七十七条、第一百七十八条、第一百七十九条。

修订前	修订后	知识点提醒 (含简要修改说明)
	核查组在初步核实工作结束后应当撰写初步核实情况报告，列明被核查人基本情况、反映的主要问题、办理依据、初步核实结果、存在疑点、处理建议，由全体人员签名。 　　承办部门应当综合分析初步核实情况，提出拟立案调查、予以了结、暂存待查，或者移送有关部门、机关处理等建议，按照批准初步核实的程序报批。	
	第二百零八条　监察机关根据适当了解、谈话、函询或者初步核实情况，发现公职人员有职务违法行为但情节较轻的，可以按照本条例第二百三十一条规定处理，予以了结。	本条系新增内容。

修订前	修订后	知识点提醒 （含简要修改说明）
第一百七十五条 检举控告人使用本人真实姓名或者本单位名称，有电话等具体联系方式的，属于实名检举控告。监察机关对实名检举控告应当优先办理、优先处置，依法给予答复。虽有署名但不是检举控告人真实姓名（单位名称）或者无法验证的检举控告，按照匿名检举控告处理。 信访举报部门对属于本机关受理的实名检举控告，应当在收到检举控告之日起十五个工作日以内按规定告知实名检举控告人受理情况，并做好记录。 调查人员应当将实名检举控告的处理结果在办结之日起十五个工作日以内向检举控告人反馈，并记录反馈情况。对检举控告人提出异议的应当如实记录，并向其进行说明；对提供新证据材料的，应当依法核查处理。	**第二百零九条** 检举控告人使用本人真实姓名或者本单位名称，有电话等具体联系方式的，属于实名检举控告。监察机关对实名检举控告应当优先办理、优先处置，依法给予答复。虽有署名但不是检举控告人真实姓名（单位名称）或者无法验证的检举控告，按照匿名检举控告处理。 信访举报部门对属于本机关受理的实名检举控告，应当在收到检举控告之日起十五个工作日以内按规定告知实名检举控告人受理情况，并做好记录。 调查人员应当将实名检举控告的处理结果在办结之日起十五个工作日以内向检举控告人反馈，并记录反馈情况。对检举控告人提出异议的应当如实记录，并向其进行说明；对提供新证据材料的，应当依法核查处理。	《纪检监察机关处理检举控告工作规则》第二十七条也有类似的规定。请注意三点：一是反馈义务主体是调查人员；二是时限上要求，在办结之日起十五个工作日以内；三是反馈内容，仅仅是告知处理结果，不包括核查过程等细节内容。

修订前	修订后	知识点提醒（含简要修改说明）
第二节 初步核实		
第一百七十六条 监察机关对具有可查性的职务违法和职务犯罪问题线索，应当按规定报批后，依法开展初步核实工作。		2021年《条例》第一百七十六条已更新为《条例》第二百零七条第一款。
第一百七十七条 采取初步核实方式处置问题线索，应当确定初步核实对象，制定工作方案，明确需要核实的问题和采取的措施，成立核查组。 在初步核实中应当注重收集客观性证据，确保真实性和准确性。		2021年《条例》第一百七十七条，已更新为《条例》第二百零七条第一款、第二款。
第一百七十八条 在初步核实中发现或者受理被核查人新的具有可查性的问题线索的，应当经审批纳入原初核方案开展核查。		2021年《条例》第一百七十八条，已更新为《条例》第二百零七条第二款。

修订前	修订后	知识点提醒 (含简要修改说明)
第一百七十九条　核查组在初步核实工作结束后应当撰写初步核实情况报告，列明被核查人基本情况、反映的主要问题、办理依据、初步核实结果、存在疑点、处理建议，由全体人员签名。 　　承办部门应当综合分析初步核实情况，按照拟立案调查、予以了结、谈话提醒、暂存待查，或者移送有关部门、机关处理等方式提出处置建议，按照批准初步核实的程序报批。		2021年《条例》第一百七十九条已更新为《条例》第二百零七条第三款、第四款。
第三节　立　案	第二节　立　案	
第一百八十条　监察机关**经过初步核实**，对于已经掌握监察对象涉嫌职务违法或者职务犯罪的部分事实和证据，认为需要追究其法律责任的，应当按规定报批后，依法立案调查。	第二百一十条　监察机关已经掌握监察对象涉嫌职务违法或者职务犯罪的部分事实和证据，认为需要追究其法律责任的，应当按规定报批后，依法立案调查。	本条删除"经过初步核实"的表述。这意味着初核不是立案的必经前置程序。

修订前	修订后	知识点提醒 (含简要修改说明)
第一百八十一条 监察机关立案调查职务违法或者职务犯罪案件，需要对涉嫌行贿犯罪、介绍贿赂犯罪或者共同职务犯罪的涉案人员立案调查的，应当一并办理立案手续。需要交由下级监察机关立案的，经审批交由下级监察机关办理立案手续。 对单位涉嫌受贿、行贿等职务犯罪，需要追究法律责任的，依法对该单位办理立案调查手续。对事故（事件）中存在职务违法或者职务犯罪问题，需要追究法律责任，但相关责任人员尚不明确的，可以以事立案。对单位立案或者以事立案后，经调查确定相关责任人员的，按照管理权限报批确定被调查人。	**第二百一十一条** 监察机关立案调查职务违法或者职务犯罪案件，需要对涉嫌行贿犯罪、介绍贿赂犯罪或者共同职务犯罪的涉案人员立案调查的，应当一并办理立案手续。需要交由下级监察机关立案的，经审批交由下级监察机关办理立案手续。 对单位涉嫌受贿、行贿等职务犯罪，需要追究法律责任的，依法对该单位办理立案调查手续。对事故（事件）中存在职务违法或者职务犯罪问题，需要追究法律责任，但相关责任人员尚不明确的，可以以事立案。对单位立案或者以事立案后，经调查确定相关责任人员的，按照管理权限报批确定被调查人。	本条表述未发生变化。

修订前	修订后	知识点提醒 (含简要修改说明)
监察机关根据人民法院生效刑事判决、裁定和人民检察院不起诉决定认定的事实，需要对监察对象给予政务处分的，可以由相关监督检查部门依据司法机关的生效判决、裁定、决定及其认定的事实、性质和情节，提出给予政务处分的意见，按程序移送审理。对依法被追究行政法律责任的监察对象，需要给予政务处分的，应当依法办理立案手续。	监察机关根据人民法院生效刑事判决、裁定和人民检察院不起诉决定认定的事实，需要对监察对象给予政务处分的，可以由相关监督检查部门依据司法机关的生效判决、裁定、决定及其认定的事实、性质和情节，提出给予政务处分的意见，按程序移送审理。对依法被追究行政法律责任的监察对象，需要给予政务处分的，应当依法办理立案手续。	
第一百八十二条 对案情简单、经过初步核实已查清主要职务违法事实，应当追究监察对象法律责任，不再需要开展调查的，立案和移送审理可以一并报批，履行立案程序后再移送审理。	第二百一十二条 对案情简单、经过初步核实已查清主要职务违法事实，应当追究监察对象法律责任，不再需要开展调查的，立案和移送审理可以一并报批，履行立案程序后再移送审理。	本条表述未发生变化。

修订前	修订后	知识点提醒 （含简要修改说明）
第一百八十三条 上级监察机关需要指定下级监察机关立案调查的，应当按规定报批，向被指定管辖的监察机关出具《指定管辖决定书》，由其办理立案手续。	**第二百一十三条** 上级监察机关需要指定下级监察机关立案调查的，应当按规定报批，向被指定管辖的监察机关出具《指定管辖决定书》，由其办理立案手续。	本条表述未发生变化。
第一百八十四条 批准立案后，应当由二名以上调查人员出示证件，向被调查人宣布立案决定。宣布立案决定后，应当及时向被调查人所在单位等相关组织送达《立案通知书》，并向被调查人所在单位主要负责人通报。 对涉嫌严重职务违法或者职务犯罪的公职人员立案调查并采取留置措施的，应当按规定通知被调查人家属，并向社会公开发布。	**第二百一十四条** 批准立案后，应当由二名以上调查人员出示证件，向被调查人宣布立案决定。宣布立案决定后，应当及时向被调查人所在单位等相关组织送达《立案通知书》，并向被调查人所在单位主要负责人通报。 对涉嫌严重职务违法或者职务犯罪的公职人员立案调查并采取留置措施的，应当按规定通知被调查人**所在单位和**家属，并向社会公开发布。	本条第二款中的"所在单位"系新增内容。这意味着，对涉嫌严重职务违法或者职务犯罪的公职人员立案调查并采取留置措施的，不仅要通知被调查人家属，还要通知被调查人所在单位。

修订前	修订后	知识点提醒 (含简要修改说明)
第四节　调　查	第三节　调　查	
第一百八十五条　监察机关对已经立案的职务违法或者职务犯罪案件应当依法进行调查，收集证据查明违法犯罪事实。 调查职务违法或者职务犯罪案件，对被调查人没有采取留置措施的，应当在立案后一年以内作出处理决定；对被调查人解除留置措施的，应当在解除留置措施后一年以内作出处理决定。案情重大复杂的案件，经上一级监察机关批准，可以适当延长，但延长期限不得超过六个月。 被调查人在监察机关立案调查以后逃匿的，调查期限自被调查人到案之日起重新计算。	**第二百一十五条**　监察机关对已经立案的职务违法或者职务犯罪案件应当依法进行调查，收集证据查明违法犯罪事实。 调查职务违法或者职务犯罪案件，对被调查人没有采取留置措施的，应当在立案后一年以内作出处理决定；对被调查人解除留置措施的，应当在解除留置措施后一年以内作出处理决定。案情重大、复杂的案件，经上一级监察机关批准，可以适当延长，但延长期限不得超过六个月。 被调查人在监察机关立案调查以后逃匿的，调查期限自被调查人到案之日起重新计算。	本条表述未发生变化。

修订前	修订后	知识点提醒（含简要修改说明）
第一百八十六条 案件立案后，监察机关主要负责人应当依照法定程序批准确定调查方案。 监察机关应当组成调查组依法开展调查。调查工作应当严格按照批准的方案执行，不得随意扩大调查范围、变更调查对象和事项，对重要事项应当及时请示报告。调查人员在调查工作期间，未经批准不得单独接触任何涉案人员及其特定关系人，不得擅自采取调查措施。	**第二百一十六条** 案件立案后，监察机关主要负责人应当依照法定程序批准确定调查方案。 监察机关应当组成调查组依法开展调查。调查工作应当严格按照批准的方案执行，不得随意扩大调查范围、变更调查对象和事项，对重要事项应当及时请示报告。调查人员在调查工作期间，未经批准不得单独接触任何涉案人员及其特定关系人，不得擅自采取调查措施。	本条表述未发生变化。 调查组的负面清单三个"不得"：（1）不得随意扩大调查范围、变更调查对象和事项；（2）未经批准不得单独接触任何涉案人员及其特定关系人；（3）不得擅自采取调查措施。
第一百八十七条 调查组应当将调查认定的涉嫌违法犯罪事实形成书面材料，交给被调查人核对，听取其意见。被调查人应当在书面材料上签署意见。对被调查人签署不同意见或者拒不签署意见的，调查组应当作出说明或者注明	**第二百一十七条** 调查组应当将调查认定的涉嫌违法犯罪事实形成书面材料，交给被调查人核对，听取其意见。被调查人应当在书面材料上签署意见。对被调查人签署不同意见或者拒不签署意见的，调查组应当作出说明或者注明	本条表述未发生变化。 【关联规定】《公职人员政务处分法》第四十三条规定：作出政务处分决定前，监察机关应当将调查认定的违法事实及拟给予

修订前	修订后	知识点提醒（含简要修改说明）
情况。对被调查人提出申辩的事实、理由和证据应当进行核实，成立的予以采纳。 　　调查组对于立案调查的涉嫌行贿犯罪、介绍贿赂犯罪或者共同职务犯罪的涉案人员，在查明其涉嫌犯罪问题后，依照前款规定办理。 　　对于按照本条例规定，对立案和移送审理一并报批的案件，应当在报批前履行本条第一款规定的程序。	情况。对被调查人提出申辩的事实、理由和证据应当进行核实，成立的予以采纳。 　　调查组对于立案调查的涉嫌行贿犯罪、介绍贿赂犯罪或者共同职务犯罪的涉案人员，在查明其涉嫌犯罪问题后，依照前款规定办理。 　　对于按照本条例规定，对立案和移送审理一并报批的案件，应当在报批前履行本条第一款规定的程序。	政务处分的依据告知被调查人，听取被调查人的陈述和申辩，并对其陈述的事实、理由和证据进行核实，记录在案。被调查人提出的事实、理由和证据成立的，应予采纳。不得因被调查人的申辩而加重政务处分。
第一百八十八条　调查组在调查工作结束后应当集体讨论，形成调查报告。调查报告应当列明被调查人基本情况、问题线索来源及调查依据、调查过程，涉嫌的主要职务违法或者职务犯罪事实，被调查人的态度和认识，处置建议及法律依据，并由调查组组长以及有关人员签名。	**第二百一十八条**　调查组在调查工作结束后应当集体讨论，形成调查报告。调查报告应当列明被调查人基本情况、问题线索来源及调查依据、调查过程，涉嫌的主要职务违法或者职务犯罪事实，被调查人的态度和认识，处置建议及法律依据，并由调查组组长以及有关人员签名。	本条表述未发生变化。

修订前	修订后	知识点提醒（含简要修改说明）
对调查过程中发现的重要问题和形成的意见建议，应当形成专题报告。	对调查过程中发现的重要问题和形成的意见建议，应当形成专题报告。	
第一百八十九条 调查组对被调查人涉嫌职务犯罪拟依法移送人民检察院审查起诉的，应当起草《起诉建议书》。《起诉建议书》应当载明被调查人基本情况，调查简况，认罪认罚情况，采取**留置**措施的时间，涉嫌职务犯罪事实以及证据，对被调查人从重、从轻、减轻或者免除处罚等情节，提出对被调查人移送起诉的理由和法律依据，采取强制措施的建议，并注明移送案卷数及涉案财物等内容。 调查组应当形成被调查人到案经过及量刑情节方面的材料，包括案件来源、到案经过，自动投案、如实供述、立功等量刑情节，认罪悔罪态度、退赃、避免	**第二百一十九条** 调查组对被调查人涉嫌职务犯罪拟依法移送人民检察院审查起诉的，应当起草《起诉建议书》。《起诉建议书》应当载明被调查人基本情况，调查简况，认罪认罚情况，采取**监察强制**措施的时间，涉嫌职务犯罪事实以及证据，对被调查人从重、从轻、减轻或者免除处罚等情节，提出对被调查人移送起诉的理由和法律依据，采取**刑事**强制措施的建议，并注明移送案卷数及涉案财物等内容。 调查组应当形成被调查人到案经过及量刑情节方面的材料，包括案件来源、到案经过，自动投案、如实供述、立功等量刑情节，认罪悔罪态度、退赃、避免	本条第一款中，将"采取强制措施的建议"更新为"采取刑事强制措施的建议"。此前，关于"留置"措施的性质，是否属于强制措施，存在认识上的分歧。根据本条规定，"强制到案""管护""留置""责令候查""禁闭"等措施的性质均属监察强制措施。

修订前	修订后	知识点提醒 (含简要修改说明)
和减少损害结果发生等方面的情况说明及相关材料。被检举揭发的问题已被立案、查破，被检举揭发人已被采取调查措施或者刑事强制措施、起诉或者审判的，还应当附有关法律文书。	和减少损害结果发生等方面的情况说明及相关材料。被检举揭发的问题已被立案、查破，被检举揭发人已被采取调查措施或者刑事强制措施、起诉或者审判的，还应当附有关法律文书。	
第一百九十条 经调查认为被调查人构成职务违法或者职务犯罪的，应当区分不同情况提出相应处理意见，经审批将调查报告、职务违法或者职务犯罪事实材料、涉案财物报告、涉案人员处理意见等材料，连同全部证据和文书手续移送审理。 对涉嫌职务犯罪的案件材料应当按照刑事诉讼要求单独立卷，与《起诉建议书》、涉案财物报告、同步录音录像资料及其自查报告等材料一并移送审理。 调查全过程形成的材料应当案结卷成、事毕归档。	**第二百二十条** 经调查认为被调查人构成职务违法或者职务犯罪的，应当区分不同情况提出相应处理意见，经审批将调查报告、职务违法或者职务犯罪事实材料、涉案财物报告、涉案人员处理意见等材料，连同全部证据和文书手续移送审理。 对涉嫌职务犯罪的案件材料应当按照刑事诉讼要求单独立卷，与《起诉建议书》、涉案财物报告、同步录音录像资料及其自查报告等材料一并移送审理。 调查全过程形成的材料应当案结卷成、事毕归档。	本条表述未发生变化。根据《中国共产党纪律检查机关监督执纪工作规则》第五十二条第一款的规定，审查调查报告以及忏悔反思材料，违纪或者职务违法、职务犯罪事实材料，涉案财物报告等，应当按程序报纪检监察机关主要负责人批准，连同全部证据和程序材料，依照规定移送审理。相比之下，《条例》对涉嫌职务犯

修订前	修订后	知识点提醒 （含简要修改说明）
		罪（不含职务违法）的案件要求更高、更细：对涉嫌职务犯罪的，调查组还要提供涉案人员处理意见，同步录音录像资料及其自查报告。
第五节 审 理	第四节 审 理	
第一百九十一条 案件审理部门收到移送审理的案件后，应当审核材料是否齐全、手续是否完备。对被调查人涉嫌职务犯罪的，还应当审核相关案卷材料是否符合职务犯罪案件立卷要求，是否在调查报告中单独表述已查明的涉嫌犯罪问题，是否形成《起诉建议书》。 经审核符合移送条件的，应当予以受理；不符合移送条件的，经审批可以暂缓受理或者不予受理，并要求**调查**部门补充完善材料。	**第二百二十一条** 案件审理部门收到移送审理的案件后，应当审核材料是否齐全、手续是否完备。对被调查人涉嫌职务犯罪的，还应当审核相关案卷材料是否符合职务犯罪案件立卷要求，是否在调查报告中单独表述已查明的涉嫌犯罪问题，是否形成《起诉建议书》。 经审核符合移送条件的，应当予以受理；不符合移送条件的，经审批可以暂缓受理或者不予受理，并要求**承办**部门补充完善材料。	本条第二款中用"承办部门"取代"调查部门"，其他内容未发生变化。

修订前	修订后	知识点提醒 （含简要修改说明）
第一百九十二条 案件审理部门受理案件后，应当成立由二人以上组成的审理组，全面审理案卷材料。 案件审理部门对于受理的案件，应当以监察法、政务处分法、刑法、《中华人民共和国刑事诉讼法》等法律法规为准绳，对案件事实证据、性质认定、程序手续、涉案财物等进行全面审理。 案件审理部门应当强化监督制约职能，对案件严格审核把关，坚持实事求是、独立审理，依法提出审理意见。坚持调查与审理相分离的原则，案件调查人员不得参与审理。	**第二百二十二条** 案件审理部门受理案件后，应当成立由二人以上组成的审理组，全面审理案卷材料。 案件审理部门对于受理的案件，应当以监察法、政务处分法、刑法、《中华人民共和国刑事诉讼法》等法律法规为准绳，对案件事实**和**证据、性质认定、程序手续、涉案财物等进行全面审理。 案件审理部门应当强化监督制约职能，对案件严格审核把关，坚持实事求是、独立审理，依法提出审理意见。坚持调查与审理相分离的原则，案件调查人员不得参与审理。	本条第二款中用"对案件事实和证据"，取代此前的"对案件事实证据"，旨在将案件事实、证据隔开，两者不能混同。
第一百九十三条 审理工作应当坚持民主集中制原则，经集体审议形成审理意见。	**第二百二十三条** 审理工作应当坚持民主集中制原则，经集体审议形成审理意见。	本条表述未发生变化。

修订前	修订后	知识点提醒（含简要修改说明）
第一百九十四条 审理工作应当在受理之日起一个月以内完成，重大复杂案件经批准可以适当延长。	**第二百二十四条** 审理工作应当在受理之日起一个月以内完成，重大、复杂案件经批准可以适当延长。	本条表述未发生变化。请注意审理时限：要求通常在受理之日起一个月以内完成，重大、复杂案件经批准可以适当延长。
第一百九十五条 案件审理部门根据案件审理情况，经审批可以与被调查人谈话，告知其在审理阶段的权利义务，核对涉嫌违法犯罪事实，听取其辩解意见，了解有关情况。**与被调查人谈话时，案件审理人员不得少于二人。** 具有下列情形之一的，一般应当与被调查人谈话： （一）对被调查人采取留置措施，拟移送起诉的；	**第二百二十五条** 案件审理部门根据案件审理情况，经审批可以与被调查人谈话，告知其在审理阶段的权利义务，核对涉嫌违法犯罪事实，听取其辩解意见，了解有关情况。**与被调查人谈话应当在具备安全保障条件的场所进行，被调查人为在押的犯罪嫌疑人、被告人或者在看守所、监狱服刑人员的，按照本条例第八十三条规定办理。**谈话时，案件审理人员不得少于二人。	《条例》对审理谈话的地点作出了规定：在具备安全保障条件的场所进行。 审理谈话是案件审理工作一般应履行的工作程序，为被调查人充分行使申辩权，依法维护自己的合法权利提供有效途径，对案件审理部门克服"书

修订前	修订后	知识点提醒（含简要修改说明）
（二）可能存在以非法方法收集证据情形的； （三）被调查人对涉嫌违法犯罪事实材料签署不同意见或者拒不签署意见的； （四）被调查人要求向案件审理人员当面陈述的； （五）其他有必要与被调查人进行谈话的情形。	具有下列情形之一的，一般应当与被调查人谈话： （一）对被调查人采取留置措施，拟移送起诉的； （二）可能存在以非法方法收集证据情形的； （三）被调查人对涉嫌违法犯罪事实材料签署不同意见或者拒不签署意见的； （四）被调查人要求向案件审理人员当面陈述的； （五）其他有必要与被调查人进行谈话的情形。	面审"局限，具有重要意义。审理谈话并非必经程序，应根据案件具体情况判断是否进行，不宜一概而论。《条例》规定了一般应当开展审理谈话的五种情形。 【关联规定】《中国共产党纪检监察机关监督执纪工作规则》第五十五条第一款第四项规定，案件审理部门根据案件审理情况，应当与被审查调查人谈话。

· 161 ·

修订前	修订后	知识点提醒 (含简要修改说明)
第一百九十六条 经审理认为主要违法犯罪事实不清、证据不足的，应当经审批将案件退回承办部门重新调查。 有下列情形之一，需要补充完善证据的，经审批可以退回补充调查： （一）部分事实不清、证据不足的； （二）遗漏违法犯罪事实的； （三）其他需要进一步查清案件事实的情形。 案件审理部门将案件退回重新调查或者补充调查的，应当出具审核意见，写明调查事项、理由、调查方向、需要补充收集的证据及其证明作用等，连同案卷材料一并送交承办部门。	**第二百二十六条** 经审理认为主要违法犯罪事实不清、证据不足的，应当经审批将案件退回承办部门重新调查。 具有下列情形之一，需要补充完善证据的，经审批可以退回补充调查： （一）部分事实不清、证据不足的； （二）遗漏违法犯罪事实的； （三）其他需要进一步查清案件事实的情形。 案件审理部门将案件退回重新调查或者补充调查的，应当出具审核意见，写明调查事项、理由、调查方向、需要补充收集的证据及其证明作用等，连同案卷材料一并送交承办部门。	本条表述未发生变化。 退回重新调查的适用条件是：主要违法犯罪事实不清、证据不足。

修订前	修订后	知识点提醒（含简要修改说明）
承办部门补充调查结束后，应当经审批将补证情况报告及相关证据材料，连同案卷材料一并移送案件审理部门；对确实无法查明的事项或者无法补充的证据，应当作出书面说明。重新调查终结后，应当重新形成调查报告，依法移送审理。 重新调查完毕移送审理的，审理期限重新计算。补充调查期间不计入审理期限。	承办部门补充调查结束后，应当经审批将补证情况报告及相关证据材料，连同案卷材料一并移送案件审理部门；对确实无法查明的事项或者无法补充的证据，应当作出书面说明。重新调查终结后，应当重新形成调查报告，依法移送审理。 重新调查完毕移送审理的，审理期限重新计算。补充调查期间不计入审理期限。	
第一百九十七条 审理工作结束后应当形成审理报告，载明被调查人基本情况、调查简况、涉嫌违法或者犯罪事实、被调查人态度和认识、涉案财物处置、承办部门意见、审理意见等内容，提请监察机关集体审议。	**第二百二十七条** 审理工作结束后应当形成审理报告，载明被调查人基本情况、调查简况、涉嫌违法或者犯罪事实、被调查人态度和认识、涉案财物处置、承办部门意见、审理意见等内容，提请监察机关集体审议。	本条第二款用"监察强制措施"取代"留置措施"，用"刑事强制措施"代替"强制措施"，其他内容未发生变化。 本条第二款明确规定

修订前	修订后	知识点提醒 （含简要修改说明）
对被调查人涉嫌职务犯罪需要追究刑事责任的，应当形成《起诉意见书》，作为审理报告附件。《起诉意见书》应当忠实于事实真象，载明被调查人基本情况，调查简况，采取**留置**措施的时间，依法查明的犯罪事实和证据，从重、从轻、减轻或者免除处罚等情节，涉案财物情况，涉嫌罪名和法律依据，采取强制措施的建议，以及其他需要说明的情况。 案件审理部门经审理认为现有证据不足以证明被调查人存在违法犯罪行为，且通过退回补充调查仍无法达到证明标准的，应当提出撤销案件的建议。	对被调查人涉嫌职务犯罪需要追究刑事责任的，应当形成《起诉意见书》，作为审理报告附件。《起诉意见书》应当忠实于事实真象，载明被调查人基本情况，调查简况，采取**监察强制**措施的时间，依法查明的犯罪事实和证据，从重、从轻、减轻或者免除处罚等情节，涉案财物情况，涉嫌罪名和法律依据，采取**刑事**强制措施的建议，以及其他需要说明的情况。 案件审理部门经审理认为现有证据不足以证明被调查人存在违法犯罪行为，且通过退回补充调查仍无法达到证明标准的，应当提出撤销案件的建议。	监察机关在《起诉意见书》中应当载明采取各项监察强制措施的时间，以便司法机关开展刑期折抵等相关工作。
第一百九十八条 上级监察机关办理下级监察机关管辖案件的，可以经审理后按程序直接进行处置，也可以经审	**第二百二十八条** 上级监察机关办理下级监察机关管辖案件的，可以经审理后按程序直接进行处置，也可以经审	本条表述未发生变化。 上级监察机关调查结束后，拟交办下级监察机

修订前	修订后	知识点提醒 (含简要修改说明)
理形成处置意见后，交由下级监察机关办理。	理形成处置意见后，交由下级监察机关办理。	关办理的，程序上要求经审理形成处置意见后方能进行。
第一百九十九条 被指定管辖的监察机关在调查结束后应当将案件移送审理，提请监察机关集体审议。 上级监察机关将其所管辖的案件指定管辖的，被指定管辖的下级监察机关应当按照前款规定办理后，将案件报上级监察机关依法作出政务处分决定。上级监察机关在作出决定前，应当进行审理。 上级监察机关将下级监察机关管辖的案件指定其他下级监察机关管辖的，被指定管辖的监察机关应当按照第一款规定办理后，将案件送交有管理权限的监察机关依法作出政务处分决定。有管理权限的监察机关应当进行审理，审理意见与被指定管辖的监察机关意见不一致的，双方应当进行沟通；经沟通不能	**第二百二十九条** 被指定管辖的监察机关在调查结束后应当将案件移送审理，提请监察机关集体审议。 上级监察机关将其所管辖的案件指定管辖的，被指定管辖的下级监察机关应当按照前款规定办理后，将案件报上级监察机关依法作出政务处分决定。上级监察机关在作出决定前，应当进行审理。 上级监察机关将下级监察机关管辖的案件指定其他下级监察机关管辖的，被指定管辖的监察机关应当按照第一款规定办理后，将案件送交有管理权限的监察机关依法作出政务处分决定。有管理权限的监察机关应当进行审理，审理意见与被指定管辖的监察机关意见不一致的，双方应当进行沟通；经沟通不能	本条表述未发生变化。 对指定管辖的案件来说，案件调查结束后，要进行两次审理：一是被指定管辖的监察机关进行第一次审理；二是有管辖权的监察机关进行第二次审理。

修订前	修订后	知识点提醒 (含简要修改说明)
取得一致意见的，报请有权决定的上级监察机关决定。经协商，有管理权限的监察机关在被指定管辖的监察机关审理阶段可以提前阅卷，沟通了解情况。 　　对于前款规定的重大、复杂案件，被指定管辖的监察机关经集体审议后将处理意见报有权决定的上级监察机关审核同意的，有管理权限的监察机关可以经集体审议后依法处置。	取得一致意见的，报请有权决定的上级监察机关决定。经协商，有管理权限的监察机关在被指定管辖的监察机关审理阶段可以提前阅卷，沟通了解情况。 　　对于前款规定的重大、复杂案件，被指定管辖的监察机关经集体审议后将处理意见报有权决定的上级监察机关审核同意的，有管理权限的监察机关可以经集体审议后依法处置。	
第六节　处　　置	第五节　处　　置	
第二百条　监察机关根据监督、调查结果，依据监察法、政务处分法等规定进行处置。	**第二百三十条**　监察机关根据监督、调查结果，依据监察法、政务处分法等规定进行处置。	*本条表述未发生变化。*
第二百零一条　监察机关对于公职人员有职务违法行为但情节较轻的，可以依法进行谈话提醒、批评教育、责令检查，或者予以诫勉。上述方式可以单	**第二百三十一条**　监察机关对于公职人员有职务违法行为但情节较轻的，可以依法进行谈话提醒、批评教育、责令检查，或者予以诫勉。上述方式可以	*本条第四款"采取谈话方式予以诫勉的，应当由监察机关相关负责人或者承办部门负责人进行；*

修订前	修订后	知识点提醒 (含简要修改说明)
独使用，也可以依据规定合并使用。 　　谈话提醒、批评教育应当由监察机关相关负责人或者承办部门负责人进行，可以由被谈话提醒、批评教育人所在单位有关负责人陪同；经批准也可以委托其所在单位主要负责人进行。对谈话提醒、批评教育情况应当制作记录。 　　被责令检查的公职人员应当作出书面检查并进行整改。整改情况在一定范围内通报。 　　诫勉由监察机关以谈话或者书面方式进行。**以谈话方式进行的，应当制作记录。**	单独使用，也可以依据规定合并使用。 　　谈话提醒、批评教育应当由监察机关相关负责人或者承办部门负责人进行，可以由被谈话提醒、批评教育人所在单位有关负责人陪同；经批准也可以委托其所在单位主要负责人进行。对谈话提醒、批评教育情况应当制作记录。 　　被责令检查的公职人员应当作出书面检查并进行整改。整改情况在一定范围内通报。 　　诫勉由监察机关以谈话或者书面方式进行。**采取谈话方式予以诫勉的，应当由监察机关相关负责人或者承办部门负责人进行；经批准也可以委托诫勉对象所在单位主要负责人进行。对谈话情况应当制作记录。**	经批准也可以委托诫勉对象所在单位主要负责人进行"系新增内容。

· 167 ·

修订前	修订后	知识点提醒 (含简要修改说明)
第二百零二条 对违法的公职人员依法需要给予政务处分的,应当根据情节轻重作出警告、记过、记大过、降级、撤职、开除的政务处分决定,制作政务处分决定书。	**第二百三十二条** 对违法的公职人员依法需要给予政务处分的,应当根据情节轻重作出警告、记过、记大过、降级、撤职、开除的政务处分决定,制作政务处分决定书。	本条内容未发生变化。
第二百零三条 监察机关应当将政务处分决定书在作出后一个月以内送达被处分人和被处分人所在机关、单位,并依法履行宣布、书面告知程序。 政务处分决定自作出之日起生效。有关机关、单位、组织应当依法及时执行处分决定,并将执行情况向监察机关报告。处分决定应当在作出之日起一个月以内执行完毕,特殊情况下经监察机关批准可以适当延长办理期限,最迟不得超过六个月。	**第二百三十三条** 监察机关应当将政务处分决定书在作出后一个月以内送达被处分人和被处分人所在机关、单位,并依法履行宣布、书面告知程序。 政务处分决定自作出之日起生效。有关机关、单位、组织应当依法及时执行处分决定,并将执行情况向监察机关报告。处分决定应当在作出之日起一个月以内执行完毕,特殊情况下经监察机关批准可以适当延长办理期限,最迟不得超过六个月。	本条表述未发生变化。 政务处分决定的送达、宣布时限要求:在作出后一个月以内。 政务处分决定的执行时限要求:在作出之日起一个月以内执行完毕,特殊情况下经监察机关批准可以适当延长办理期限,最迟不得超过六个月。

修订前	修订后	知识点提醒（含简要修改说明）
		【关联规定】《公职人员政务处分法》第四十六条（该条仅规定政务处分决定书应当及时送达被处分人和被处分人所在机关、单位，并在一定范围内宣布，但未规定宣布的时间。）《中国共产党纪律处分条例》第四十四条
第二百零四条 监察机关对不履行或者不正确履行职责造成严重后果或者恶劣影响的领导人员，可以按照管理权限采取通报、诚勉、政务处分等方式进行问责；提出组织处理的建议。	**第二百三十四条** 监察机关对不履行或者不正确履行职责造成严重后果或者恶劣影响的领导人员，可以按照管理权限采取通报、诚勉、政务处分等方式进行问责；提出组织处理的建议。	此处规定了监察机关直接问责的方式：通报、诚勉、政务处分。组织处理的知识点，请见《中国共产党组织处理规定（试行）》

修订前	修订后	知识点提醒（含简要修改说明）
第二百零五条 监察机关依法向监察对象所在单位提出监察建议的，应当经审批制作监察建议书。 监察建议书一般应当包括下列内容： （一）监督调查情况； （二）**调查中**发现的主要问题及其产生的原因； （三）**整改建议、要求和期限**； （四）向监察机关反馈整改情况的要求。	第二百三十五条 监察机关依法向监察对象所在单位提出监察建议的，应当经审批制作监察建议书。 监察建议书一般应当包括下列内容： （一）监督调查情况； （二）发现的主要问题及其产生的原因； （三）整改建议内容和要求； （四）整改期限和反馈整改情况的要求； （五）提出异议的期限和方式。	本条第二款第五项"提出异议的期限和方式"系新增内容。 【关联规定】《中国共产党纪律检查委员会工作条例》第四十一条；《中国共产党纪律检查机关监督执纪工作规则》第十九条；《纪检监察建议工作办法》
	第二百三十六条 监察机关在研究提出监察建议过程中，应当坚持问题导向、系统观念，加强分析研判，保证监察建议质量。	本条系新增内容。 为提升监察建议质量，给予方法指引：一是坚持问题导向；二是坚持系统

修订前	修订后	知识点提醒 (含简要修改说明)
	监察机关可以采取专题调研、部门会商、征求特约监察员等有关人员意见，以及与被建议单位或者其他有关方面沟通等方式，提高监察建议的针对性、可行性。	观念，不能单纯就事论事，要善于举一反三；三是分析研判的方法、路径。
第二百零六条　监察机关经调查，对没有证据证明或者现有证据不足以证明被调查人存在违法犯罪行为的，应当依法撤销案件。省级以下监察机关撤销案件后，应当在七个工作日以内向上一级监察机关报送备案报告。上一级监察机关监督检查部门负责备案工作。 省级以下监察机关拟撤销上级监察机关指定管辖或者交办案件的，应当将《撤销案件意见书》连同案卷材料，在法定调查期限到期七个工作日前报指定管辖或者交办案件的监察机关审查。对	第二百三十七条　监察机关经调查，对没有证据证明或者现有证据不足以证明被调查人存在违法犯罪行为的，应当依法撤销案件。省级以下监察机关撤销案件后，应当在七个工作日以内向上一级监察机关报送备案报告。上一级监察机关监督检查部门负责备案工作。 省级以下监察机关拟撤销上级监察机关指定管辖或者交办案件的，应当将《撤销案件意见书》连同案卷材料，在法定调查期限到期七个工作日前报指定管辖或者交办案件的监察机关审查。对	本条第四款用"监察强制措施"取代"留置措施"，用"并通知其所在单位"取代"并通知其所在机关、单位"。 撤销案件属于一种"阻断性程序"，是对调查活动合理而有效的终结，体现了程序法治的理念、实事求是的态度和公正执法的鲜明导向，是监察调查工作高质量发展的内在要求。

修订前	修订后	知识点提醒 (含简要修改说明)
于重大、复杂案件，在法定调查期限到期十个工作日前报指定管辖或者交办案件的监察机关审查。 　　指定管辖或者交办案件的监察机关由监督检查部门负责审查工作。指定管辖或者交办案件的监察机关同意撤销案件的，下级监察机关应当作出撤销案件决定，制作《撤销案件决定书》；指定管辖或者交办案件的监察机关不同意撤销案件的，下级监察机关应当执行该决定。 　　监察机关对于撤销案件的决定应当向被调查人宣布，由其在《撤销案件决定书》上签名、捺指印，立即解除**留置**措施，并通知其所在**机关**、单位。 　　撤销案件后又发现重要事实或者有充分证据，认为被调查人有违法犯罪事实需要追究法律责任的，应当重新立案调查。	于重大、复杂案件，在法定调查期限到期十个工作日前报指定管辖或者交办案件的监察机关审查。 　　指定管辖或者交办案件的监察机关由监督检查部门负责审查工作。指定管辖或者交办案件的监察机关同意撤销案件的，下级监察机关应当作出撤销案件决定，制作《撤销案件决定书》；指定管辖或者交办案件的监察机关不同意撤销案件的，下级监察机关应当执行该决定。 　　监察机关对于撤销案件的决定应当向被调查人宣布，由其在《撤销案件决定书》上签名、捺指印，立即解除**监察强制**措施，并通知其所在单位。 　　撤销案件后又发现重要事实或者有充分证据，认为被调查人有违法犯罪事实需要追究法律责任的，应当重新立案调查。	《中国共产党纪律检查机关监督执纪工作规则》尚未规定党纪案件撤案的条件和程序。

修订前	修订后	知识点提醒 (含简要修改说明)
第二百零七条 对于涉嫌行贿等犯罪的非监察对象，案件调查终结后依法移送起诉。综合考虑行为性质、手段、后果、时间节点、认罪悔罪态度等具体情况，对于情节较轻，经审批不予移送起诉的，应当采取批评教育、责令具结悔过等方式处置；应当给予行政处罚的，依法移送有关行政执法部门。 对于有行贿行为的涉案单位和人员，按规定记入相关信息记录，可以作为信用评价的依据。 对于涉案单位和人员通过行贿等非法手段取得的财物及孳息，应当依法予以没收、追缴或者责令退赔。对于违法取得的**其他不正当利益**，依照法律法规及有关规定予以纠正处理。	**第二百三十八条** 对于涉嫌行贿等犯罪的非监察对象，案件调查终结后依法移送起诉。综合考虑行为性质、手段、后果、时间节点、认罪悔罪态度等具体情况，对于情节较轻，经审批不予移送起诉的，应当采取批评教育、责令具结悔过等方式处置；应当给予行政处罚的，依法移送有关行政执法部门。 对于有行贿行为的涉案单位和人员，按规定记入相关信息记录，可以作为信用评价的依据。 对于涉案单位和人员通过行贿等非法手段取得的财物及孳息，应当依法予以没收、追缴或者责令退赔，**不得没收、追缴与案件无关的财物。对于涉案单位和人员主动上交的涉案财物，应当严格核查，确系违法所得及孳息的，依法**	要求监察机关对于涉案单位和人员主动上交的涉案财物严格核查，确系违法所得及孳息的，才能依法予以没收、追缴。请注意关键词"严格核查"，对监察机关没收、追缴的涉案单位和人员主动上交的涉案财物要求越来越高，建议读者联系《条例》第一百五十五条第二款、《中国共产党纪律检查机关监督执纪工作规则》第三十四条第一款（对被核查人及相关人员主动上交的财物，核查组应当予以暂扣）理解本条。

修订前	修订后	知识点提醒（含简要修改说明）
	予以没收、追缴。对于违法取得的**经营资格、资质、荣誉、奖励、学历学位、职称或者职务职级等其他不正当利益，应当建议有关机关、单位、组织依照法律法规及有关规定予以纠正处理。**	本条第三款基于秉持"任何人不得因自身的不法行为获利"的法治原则，对需要纠正处理的行贿人违法取得的经营资格、资质等不正当利益予以细化规定，旨在促进提升治理行贿效能。
第二百零八条 对查封、扣押、冻结的涉嫌职务犯罪所得财物及孳息应当妥善保管，并制作《移送司法机关涉案财物清单》随案移送人民检察院。对作为证据使用的实物应当随案移送；对不宜移送的，应当将清单、照片和其他证明文件随案移送。 对于移送人民检察院的涉案财物，价值不明的，应当在移送起诉前委托进行价格认定。在价格认定过程中，需要	**第二百三十九条** 对查封、扣押、冻结的涉嫌职务犯罪所得财物及孳息应当妥善保管，并制作《移送司法机关涉案财物清单》随案移送人民检察院。对作为证据使用的实物应当随案移送；对不宜移送的，应当将清单、照片和其他证明文件随案移送。 对于移送人民检察院的涉案财物，价值不明的，应当在移送起诉前委托进行价格认定。在价格认定过程中，需要	本条表述未发生变化。

修订前	修订后	知识点提醒 (含简要修改说明)
对涉案财物先行作出真伪鉴定或者出具技术、质量检测报告的，应当委托有关鉴定机构或者检测机构进行真伪鉴定或者技术、质量检测。 对不属于犯罪所得但属于违法取得的财物及孳息，应当依法予以没收、追缴或者责令退赔，并出具有关法律文书。 对经认定不属于违法所得的财物及孳息，应当及时予以返还，并办理签收手续。	对涉案财物先行作出真伪鉴定或者出具技术、质量检测报告的，应当委托有关鉴定机构或者检测机构进行真伪鉴定或者技术、质量检测。 对不属于犯罪所得但属于违法取得的财物及孳息，应当依法予以没收、追缴或者责令退赔，并出具有关法律文书。 对经认定不属于违法所得的财物及孳息，应当及时予以返还，并办理签收手续。	
第二百零九条 监察机关经调查，对违法取得的财物及孳息决定追缴或者责令退赔的，可以依法要求公安、自然资源、住房城乡建设、市场监管、金融监管等部门以及银行等机构、单位予以协助。 追缴涉案财物以追缴原物为原则，原物已经转化为其他财物的，应当追缴	**第二百四十条** 监察机关经调查，对违法取得的财物及孳息决定追缴或者责令退赔的，可以依法要求公安、自然资源、住房城乡建设、市场监管、金融监管等部门以及银行等机构、单位予以协助。 追缴涉案财物以追缴原物为原则，原物已经转化为其他财物的，应当追缴	本条第二款中"涉案财物已被用于清偿合法债务、转让或者设置其他权利负担，善意第三人通过正常市场交易、支付合理对价，并实际取得相应权利的，不得对善意取得的财物进行追缴"系新增内容，

修订前	修订后	知识点提醒 （含简要修改说明）
转化后的财物；有证据证明依法应当追缴、没收的涉案财物无法找到、被他人善意取得、价值灭失减损或者与其他合法财产混合且不可分割的，可以依法追缴、没收其他等值财产。 追缴或者责令退赔应当自处置决定作出之日起一个月以内执行完毕。因被调查人的原因逾期执行的除外。 人民检察院、人民法院依法将不认定为犯罪所得的相关涉案财物退回监察机关的，监察机关应当依法处理。	转化后的财物。**涉案财物已被用于清偿合法债务、转让或者设置其他权利负担，善意第三人通过正常市场交易、支付合理对价，并实际取得相应权利的，不得对善意取得的财物进行追缴。** 有证据证明依法应当追缴、没收的涉案财物无法找到、被他人善意取得、价值灭失减损或者与其他合法财产混合且不可分割的，可以依法追缴、没收**被调查人的**其他等值财产。 追缴或者责令退赔应当自处置决定作出之日起一个月以内执行完毕。因被调查人的原因逾期执行的除外。 人民检察院、人民法院依法将不认定为犯罪所得的相关涉案财物退回监察机关的，监察机关应当依法处理。	旨在保护善意取得的财物，维护善意取得人合法权益。 第三款中的"被调查人的"系新增内容。

修订前	修订后	知识点提醒（含简要修改说明）
第二百一十条 监察对象对监察机关作出的涉及本人的处理决定不服的，可以在收到处理决定之日起一个月以内，向作出决定的监察机关申请复审。复审机关应当依法受理，并在受理后一个月以内作出复审决定。监察对象对复审决定仍不服的，可以在收到复审决定之日起一个月以内，向上一级监察机关申请复核。复核机关应当依法受理，并在受理后二个月以内作出复核决定。 上一级监察机关的复核决定和国家监察委员会的复审、复核决定为最终决定。	**第二百四十一条** 监察对象对监察机关作出的涉及本人的处理决定不服的，可以在收到处理决定之日起一个月以内，向作出决定的监察机关申请复审。复审机关应当依法受理，并在受理后一个月以内作出复审决定。监察对象对复审决定仍不服的，可以在收到复审决定之日起一个月以内，向上一级监察机关申请复核。复核机关应当依法受理，并在受理后二个月以内作出复核决定。 上一级监察机关的复核决定和国家监察委员会的复审、复核决定为最终决定。	本条表述未发生变化。请注意以下四点： （1）监察对象提出复审、复核的时限要求：在收到处理决定之日起一个月以内提出。 （2）复审机关作出复审决定的时限要求：在受理后一个月以内作出复审决定。 （3）监察对象提出复核的时限要求：在收到复审决定之日起一个月以内。 （4）复核机关作出复核决定时限要求：在受理后二个月以内作出复核决定。

修订前	修订后	知识点提醒 (含简要修改说明)
第二百一十一条 复审、复核机关承办部门应当成立工作组，调阅原案卷宗，必要时可以进行调查取证。承办部门应当集体研究，提出办理意见，经审批作出复审、复核决定。决定应当送达申请人，抄送相关单位，并在一定范围内宣布。 复审、复核期间，不停止原处理决定的执行。复审、复核机关经审查认定处理决定有错误或者不当的，应当依法撤销、变更原处理决定，或者责令原处理机关及时予以纠正。复审、复核机关经审查认定处理决定事实清楚、适用法律正确的，应当予以维持。 坚持复审复核与调查审理分离，原案调查、审理人员不得参与复审复核。	**第二百四十二条** 复审、复核机关承办部门应当成立工作组，调阅原案卷宗，必要时可以进行调查取证。承办部门应当集体研究，提出办理意见，经审批作出复审、复核决定。决定应当送达申请人，抄送相关单位，并在一定范围内宣布。 复审、复核期间，不停止原处理决定的执行。复审、复核机关经审查认定处理决定有错误或者不当的，应当依法撤销、变更原处理决定，或者责令原处理机关及时予以纠正。复审、复核机关经审查认定处理决定事实清楚、适用法律正确的，应当予以维持。 坚持复审复核与调查审理分离，原案调查、审理人员不得参与复审复核。	本条表述未发生变化。 复审、复核要求:(1)成立工作组；(2)调阅原案卷宗；(3)必要时可以进行调查取证；(4)集体研究，提出办理意见；(5)经审批作出复审、复核决定。

修订前	修订后	知识点提醒（含简要修改说明）
第七节　移送审查起诉	第六节　移送审查起诉	
第二百一十二条　监察机关决定对涉嫌职务犯罪的被调查人移送起诉的，应当出具《起诉意见书》，连同案卷材料、证据等，一并移送同级人民检察院。 监察机关案件审理部门负责与人民检察院审查起诉的衔接工作，调查、案件监督管理等部门应当予以协助。 国家监察委员会派驻或者派出的监察机构、监察专员调查的职务犯罪案件，应当依法移送省级人民检察院审查起诉。	**第二百四十三条**　监察机关决定对涉嫌职务犯罪的被调查人移送起诉的，应当出具《起诉意见书》，连同案卷材料、证据**及到案经过材料**等，一并移送同级人民检察院。 监察机关案件审理部门负责与人民检察院审查起诉的衔接工作，调查、案件监督管理等部门应当予以协助。 国家监察委员会派驻或者派出的监察机构、监察专员调查的职务犯罪案件，应当依法移送省级人民检察院审查起诉。	本条第一款"及到案经过材料"系新增表述。 本条第二款规定与《中国共产党纪检监察机关监督执纪工作规则》第五十七条第一款的规定存在不一致的地方。后者规定，被审查调查人涉嫌职务犯罪的，应当由案件监督管理部门协调办理移送司法机关事宜。一般来说，由案件审理部门负责与人民检察院审查起诉的衔接，更有利于实践操作。

修订前	修订后	知识点提醒（含简要修改说明）
第二百一十三条　涉嫌职务犯罪的被调查人和涉案人员符合监察法第三十一条、第三十二条规定情形的，结合其案发前的一贯表现、违法犯罪行为的情节、后果和影响等因素，监察机关经综合研判和集体审议，报上一级监察机关批准，可以在移送人民检察院时依法提出从轻、减轻或者免除处罚等从宽处罚建议。报请批准时，应当一并提供主要证据材料、忏悔反思材料。 　　上级监察机关相关监督检查部门负责审查工作，重点审核拟认定的从宽处罚情形、提出的从宽处罚建议，经审批在十五个工作日以内作出批复。	第二百四十四条　涉嫌职务犯罪的被调查人和涉案人员符合监察法第三十四条、第三十五条规定情形的，结合其案发前的一贯表现、违法犯罪行为的情节、后果和影响等因素，监察机关经综合研判和集体审议，报请上一级监察机关批准，可以在移送人民检察院时依法提出从轻、减轻或者免除处罚等从宽处罚建议。报请批准时，应当一并提供主要证据材料、忏悔反思材料。 　　上级监察机关相关监督检查部门负责审查工作，重点审核拟认定的从宽处罚情形、提出的从宽处罚建议，经审批在十五个工作日以内作出批复。	本条表述未发生变化。 　　从宽处罚建议报请上级监察机关批准时，需要提供主要证据材料、忏悔反思材料。 　　上级监察机关审核从宽处罚建议时限要求：经审批在十五个工作日以内作出批复。
第二百一十四条　涉嫌职务犯罪的被调查人有下列情形之一，如实交代自己主要犯罪事实的，可以认定为监察法	第二百四十五条　涉嫌职务犯罪的被调查人具有下列情形之一，如实交代自己主要犯罪事实的，可以认定为监察法	本条第一款第一项中的"或者监察机关正在就有关问题线索进行适当了解

修订前	修订后	知识点提醒 (含简要修改说明)
第三十一条第一项规定的自动投案，真诚悔罪悔过： （一）职务犯罪问题未被监察机关掌握，向监察机关投案的； （二）在监察机关谈话、函询过程中，如实交代监察机关未掌握的涉嫌职务犯罪问题的； （三）在初步核实阶段，尚未受到监察机关谈话时投案的； （四）职务犯罪问题虽被监察机关立案，但尚未受到讯问或者采取**留置**措施，向监察机关投案的； （五）因伤病等客观原因无法前往投案，先委托他人代为表达投案意愿，或者以书信、网络、电话、传真等方式表达投案意愿，后到监察机关接受处理的；	**第三十四条**第一项规定的自动投案，真诚悔罪悔过： （一）职务犯罪问题未被监察机关掌握**或者监察机关正在就有关问题线索进行适当了解时**，向监察机关投案的； （二）在监察机关谈话、函询过程中，如实交代监察机关未掌握的涉嫌职务犯罪问题的； （三）在初步核实阶段，尚未受到监察机关谈话时投案的； （四）职务犯罪问题虽被监察机关立案，但尚未受到讯问或者采取**监察强制**措施，向监察机关投案的； （五）因伤病等客观原因无法前往投案，先委托他人代为表达投案意愿，或者以书信、网络、电话、传真等方式表达投案意愿，后到监察机关接受处理的；	时"系新增内容。

· 181 ·

修订前	修订后	知识点提醒 (含简要修改说明)
（六）涉嫌职务犯罪潜逃后又投案，包括在被通缉、抓捕过程中投案的； （七）经查实确已准备去投案，或者正在投案途中被有关机关抓获的； （八）经他人规劝或者在他人陪同下投案的； （九）虽未向监察机关投案，但向其所在党组织、单位或者有关负责人员投案，向有关巡视巡察机构投案，以及向公安机关、人民检察院、人民法院投案的； （十）具有其他应当视为自动投案的情形的。 被调查人自动投案后不能如实交代自己的主要犯罪事实，或者自动投案并如实供述自己的罪行后又翻供的，不能适用前款规定。	（六）涉嫌职务犯罪潜逃后又投案，包括在被通缉、抓捕过程中投案的； （七）经查实确已准备去投案，或者正在投案途中被有关机关抓获的； （八）经他人规劝或者在他人陪同下投案的； （九）虽未向监察机关投案，但向其所在党组织、单位或者有关负责人员投案，向有关巡视巡察机构投案，以及向公安机关、人民检察院、人民法院投案的； （十）具有其他应当视为自动投案的情形的。 被调查人自动投案后不能如实交代自己的主要犯罪事实，或者自动投案并如实供述自己的罪行后又翻供的，不能适用前款规定。	

修订前	修订后	知识点提醒 （含简要修改说明）
第二百一十五条 涉嫌职务犯罪的被调查人有下列情形之一的，可以认定为监察法**第三十一条**第二项规定的积极配合调查工作，如实供述监察机关还未掌握的违法犯罪行为： （一）监察机关所掌握线索针对的犯罪事实不成立，在此范围外被调查人主动交代其他罪行的； （二）主动交代监察机关尚未掌握的犯罪事实，与监察机关已掌握的犯罪事实属不同种罪行的； （三）主动交代监察机关尚未掌握的犯罪事实，与监察机关已掌握的犯罪事实属同种罪行的； （四）监察机关掌握的证据不充分，被调查人如实交代有助于收集定案证据的。	**第二百四十六条** 涉嫌职务犯罪的被调查人**具**有下列情形之一的，可以认定为监察法**第三十四条**第二项规定的积极配合调查工作，如实供述监察机关还未掌握的违法犯罪行为： （一）监察机关所掌握线索针对的犯罪事实不成立，在此范围外被调查人主动交代其他罪行的； （二）主动交代监察机关尚未掌握的犯罪事实，与监察机关已掌握的犯罪事实属不同种罪行的； （三）主动交代监察机关尚未掌握的犯罪事实，与监察机关已掌握的犯罪事实属同种罪行的； （四）监察机关掌握的证据不充分，被调查人如实交代有助于收集定案证据的。	2021年《条例》第二百一十五条第二款更新为《条例》第三百二十四条。

修订前	修订后	知识点提醒（含简要修改说明）
前款所称同种罪行和不同种罪行，一般以罪名区分。被调查人如实供述其他罪行的罪名与监察机关已掌握犯罪的罪名不同，但属选择性罪名或者在法律、事实上密切关联的，应当认定为同种罪行。		
第二百一十六条 涉嫌职务犯罪的被调查人有下列情形之一的，可以认定为监察法**第三十一条**第三项规定的积极退赃，减少损失： （一）全额退赃的； （二）退赃能力不足，但被调查人及其亲友在监察机关追缴赃款赃物过程中积极配合，且大部分已追缴到位的； （三）犯罪后主动采取措施避免损失发生，或者积极采取有效措施减少、挽回大部分损失的。	**第二百四十七条** 涉嫌职务犯罪的被调查人**具**有下列情形之一的，可以认定为监察法**第三十四条**第三项规定的积极退赃，减少损失： （一）全额退赃的； （二）退赃能力不足，但被调查人及其亲友在监察机关追缴赃款赃物过程中积极配合，且大部分已追缴到位的； （三）犯罪后主动采取措施避免损失发生，或者积极采取有效措施减少、挽回大部分损失的。	本条内容未发生实质性变化，仅对条文序号进行了更新。

修订前	修订后	知识点提醒（含简要修改说明）
第二百一十七条 涉嫌职务犯罪的被调查人有下列情形之一的，可以认定为监察法**第三十一条**第四项规定的具有重大立功表现： （一）检举揭发他人重大犯罪行为且经查证属实的； （二）提供其他重大案件的重要线索且经查证属实的； （三）阻止他人重大犯罪活动的； （四）协助抓捕其他重大职务犯罪案件被调查人、重大犯罪嫌疑人（包括同案犯）的； （五）为国家挽回重大损失等对国家和社会有其他重大贡献的。 前款所称重大犯罪一般是指依法可能被判处无期徒刑以上刑罚的犯罪行为；重大案件一般是指在本省、自治区、	**第二百四十八条** 涉嫌职务犯罪的被调查人**具**有下列情形之一的，可以认定为监察法**第三十四条**第四项规定的具有重大立功表现： （一）检举揭发他人重大犯罪行为且经查证属实的； （二）提供其他重大案件的重要线索且经查证属实的； （三）阻止他人重大犯罪活动的； （四）协助抓捕其他重大职务犯罪案件被调查人、重大犯罪嫌疑人（包括同案犯）的； （五）为国家挽回重大损失等对国家和社会有其他重大贡献的。 前款所称重大犯罪一般是指依法可能被判处无期徒刑以上刑罚的犯罪行为；重大案件一般是指在本省、自治区、	本条第二款"监察强制措施"取代"留置措施"将"采取强制措施的建议"增加"刑事"二字加以明确。

修订前	修订后	知识点提醒 (含简要修改说明)
直辖市或者全国范围内有较大影响的案件；查证属实一般是指有关案件已被监察机关或者司法机关立案调查、侦查，被调查人、犯罪嫌疑人被监察机关采取**留置**措施或者被司法机关采取强制措施，或者被告人被人民法院作出有罪判决，并结合案件事实、证据进行判断。 监察法**第三十一条**第四项规定的案件涉及国家重大利益，是指案件涉及国家主权和领土完整、国家安全、外交、社会稳定、经济发展等情形。	直辖市或者全国范围内有较大影响的案件；查证属实一般是指有关案件已被监察机关或者司法机关立案调查、侦查，被调查人、犯罪嫌疑人被监察机关采取**监察强制**措施或者被司法机关采取**刑事**强制措施，或者被告人被人民法院作出有罪判决，并结合案件事实、证据进行判断。 监察法**第三十四条**第四项规定的案件涉及国家重大利益，是指案件涉及国家主权和领土完整、国家安全、外交、社会稳定、经济发展等情形。	
第二百一十八条 涉嫌行贿等犯罪的涉案人员有下列情形之一的，可以认定为监察**法第三十二条规定**的揭发有关被调查人职务违法犯罪行为，查证属实或者提供重要线索，有助于调查其他案件：	**第二百四十九条** 涉嫌行贿等犯罪的涉案人员**具**有下列情形之一的，可以认定为监察**法第三十五条规定**的揭发有关被调查人职务违法犯罪行为，查证属实或者提供重要线索，有助于调查其他案件：	本条内容未发生实质性变化，仅对条文序号进行了更新。

修订前	修订后	知识点提醒 (含简要修改说明)
（一）揭发所涉案件以外的被调查人职务犯罪行为，经查证属实的； （二）提供的重要线索指向具体的职务犯罪事实，对调查其他案件起到实质性推动作用的； （三）提供的重要线索有助于加快其他案件办理进度，或者对其他案件固定关键证据、挽回损失、追逃追赃等起到积极作用的。	（一）揭发所涉案件以外的被调查人职务犯罪行为，经查证属实的； （二）提供的重要线索指向具体的职务犯罪事实，对调查其他案件起到实质性推动作用的； （三）提供的重要线索有助于加快其他案件办理进度，或者对其他案件固定关键证据、挽回损失、追逃追赃等起到积极作用的。	
第二百一十九条 从宽处罚建议一般应当在移送起诉时作为《起诉意见书》内容一并提出，特殊情况下也可以在案件移送后、人民检察院提起公诉前，单独形成从宽处罚建议书移送人民检察院。对于从宽处罚建议所依据的证据材料，应当一并移送人民检察院。	**第二百五十条** 从宽处罚建议一般应当在移送起诉时作为《起诉意见书》内容一并提出，特殊情况下也可以在案件移送后、人民检察院提起公诉前，单独形成从宽处罚建议书移送人民检察院。对于从宽处罚建议所依据的证据材料，应当一并移送人民检察院。	本条内容未发生变化。

修订前	修订后	知识点提醒（含简要修改说明）
监察机关对于被调查人在调查阶段认罪认罚，但不符合监察法规定的提出从宽处罚建议条件，在移送起诉时没有提出从宽处罚建议的，应当在《起诉意见书》中写明其自愿认罪认罚的情况。	监察机关对于被调查人在调查阶段认罪认罚，但不符合监察法规定的提出从宽处罚建议条件，在移送起诉时没有提出从宽处罚建议的，应当在《起诉意见书》中写明其自愿认罪认罚的情况。	
第二百二十条　监察机关一般应当在正式移送起诉十日前，向拟移送的人民检察院采取书面通知等方式预告移送事宜。**对于已采取留置措施的案件**，发现被调查人因身体等原因存在不适宜羁押等可能影响刑事强制措施执行情形的，应当通报人民检察院。对于未采取**留置**措施的案件，可以根据案件具体情况，向人民检察院提出对被调查人采取刑事强制措施的建议。	第二百五十一条　监察机关一般应当在正式移送起诉十日前，向拟移送的人民检察院采取书面通知等方式预告移送事宜。**监察机关**发现被调查人因身体等原因存在不适宜羁押等可能影响刑事强制措施执行情形的，应当通报人民检察院；**被调查人已被采取留置措施的，可以在移送起诉前依法变更为责令候查措施**。对于未采取**监察强制措施**的案件，可以根据案件具体情况，向人民检察院提出对被调查人采取刑事强制措施的建议。	《条例》第一百三十四条第一款规定，对被留置人员不需要继续采取留置措施的，应当按规定报批后解除留置或者变更为责令候查措施。若被调查人即将被移送检察机关审查起诉，通常涉嫌职务犯罪事实已查清，且被调查人存在身体不佳等情形，不需要继续采取留置措施，故本条规定监察机关可以将留置措施变更为责令候查措施。

修订前	修订后	知识点提醒（含简要修改说明）
第二百二十一条 监察机关办理的职务犯罪案件移送起诉，需要指定起诉、审判管辖的，应当与同级人民检察院协商有关程序事宜。需要由同级人民检察院的上级人民检察院指定管辖的，应当商请同级人民检察院办理指定管辖事宜。 监察机关一般应当在移送起诉二十日前，将商请指定管辖函送交同级人民检察院。商请指定管辖函应当附案件基本情况，对于被调查人已被其他机关立案侦查的犯罪认为需要并案审查起诉的，一并进行说明。 派驻或者派出的监察机构、监察专员调查的职务犯罪案件需要指定起诉、审判管辖的，应当报派出机关办理指定管辖手续。	**第二百五十二条** 监察机关办理的职务犯罪案件移送起诉，需要指定起诉、审判管辖的，应当与同级人民检察院协商有关程序事宜。需要由同级人民检察院的上级人民检察院指定管辖的，应当商请同级人民检察院办理指定管辖事宜。 监察机关一般应当在移送起诉二十日前，将商请指定管辖函送交同级人民检察院。商请指定管辖函应当附案件基本情况，对于被调查人已被其他机关立案侦查的犯罪认为需要并案审查起诉的，一并进行说明。 派驻或者派出的监察机构、监察专员调查的职务犯罪案件需要指定起诉、审判管辖的，应当报派出机关办理指定管辖手续。	本条内容未发生变化。

修订前	修订后	知识点提醒（含简要修改说明）
第二百二十二条 上级监察机关指定下级监察机关进行调查，移送起诉时需要人民检察院依法指定管辖的，应当**在移送起诉前由上级监察机关与同级人民检察院协商**有关程序事宜。	**第二百五十三条** 上级监察机关指定下级监察机关进行调查，移送起诉时需要人民检察院依法指定管辖的，应当**按规定办理**有关程序事宜。	用"按规定办理有关程序事宜"表述取代此前的"在移送起诉前由上级监察机关与同级人民检察院协商有关程序事宜"。
第二百二十三条 监察机关对已经移送起诉的职务犯罪案件，发现遗漏被调查人罪行需要补充移送起诉的，应当经审批出具《补充起诉意见书》，连同相关案卷材料、证据等一并移送同级人民检察院。 对于经人民检察院指定管辖的案件需要补充移送起诉的，可以直接移送原受理移送起诉的人民检察院；需要追加犯罪嫌疑人、被告人的，应当再次商请人民检察院办理指定管辖手续。	**第二百五十四条** 监察机关对已经移送起诉的职务犯罪案件，发现遗漏被调查人罪行需要补充移送起诉的，应当经审批出具《补充起诉意见书》，连同相关案卷材料、证据等一并移送同级人民检察院。 对于经人民检察院指定管辖的案件需要补充移送起诉的，可以直接移送原受理移送起诉的人民检察院；需要追加犯罪嫌疑人、被告人的，应当再次商请人民检察院办理指定管辖手续。	本条内容未发生变化。

修订前	修订后	知识点提醒 (含简要修改说明)
第二百二十四条 对于涉嫌行贿犯罪、介绍贿赂犯罪或者共同职务犯罪等关联案件的涉案人员，移送起诉时一般应当随主案确定管辖。 主案与关联案件由不同监察机关立案调查的，调查关联案件的监察机关在移送起诉前，应当报告或者通报调查主案的监察机关，由其统一协调案件管辖事宜。因特殊原因，关联案件不宜随主案确定管辖的，调查主案的监察机关应当及时通报和协调有关事项。	**第二百五十五条** 对于涉嫌行贿犯罪、介绍贿赂犯罪或者共同职务犯罪等关联案件的涉案人员，移送起诉时一般应当随主案确定管辖。 主案与关联案件由不同监察机关立案调查的，调查关联案件的监察机关在移送起诉前，应当报告或者通报调查主案的监察机关，由其统一协调案件管辖事宜。因特殊原因，关联案件不宜随主案确定管辖的，调查主案的监察机关应当及时通报和协调有关事项。	本条内容未发生变化。
第二百二十五条 监察机关对于人民检察院在审查起诉中书面提出的下列要求应当予以配合： （一）认为可能存在以非法方法收集证据情形，要求监察机关对证据收集的合法性作出说明或者提供相关证明材料的；	**第二百五十六条** 监察机关对于人民检察院在审查起诉中书面提出的下列要求应当予以配合： （一）认为可能存在以非法方法收集证据情形，要求监察机关对证据收集的合法性作出说明或者提供相关证明材料的；	本条内容未发生变化。

修订前	修订后	知识点提醒（含简要修改说明）
（二）排除非法证据后，要求监察机关另行指派调查人员重新取证的； （三）对物证、书证、视听资料、电子数据及勘验检查、辨认、调查实验等笔录存在疑问，要求调查人员提供获取、制作的有关情况的； （四）要求监察机关对案件中某些专门性问题进行鉴定，或者对勘验检查进行复验、复查的； （五）认为主要犯罪事实已经查清，仍有部分证据需要补充完善，要求监察机关补充提供证据的； （六）人民检察院依法提出的其他工作要求。	（二）排除非法证据后，要求监察机关另行指派调查人员重新取证的； （三）对物证、书证、视听资料、电子数据及勘验检查、辨认、调查实验等笔录存在疑问，要求调查人员提供获取、制作的有关情况的； （四）要求监察机关对案件中某些专门性问题进行鉴定，或者对勘验检查进行复验、复查的； （五）认为主要犯罪事实已经查清，仍有部分证据需要补充完善，要求监察机关补充提供证据的； （六）人民检察院依法提出的其他工作要求。	
第二百二十六条 监察机关对于人民检察院依法退回补充调查的案件，应当向主要负责人报告，并积极开展补充调查工作。	**第二百五十七条** 监察机关对于人民检察院依法退回补充调查的案件，应当向主要负责人报告，并积极开展补充调查工作。	本条内容未发生变化。

修订前	修订后	知识点提醒（含简要修改说明）
第二百二十七条 对人民检察院退回补充调查的案件，经审批分别作出下列处理： （一）认定犯罪事实的证据不够充分的，应当在补充证据后，制作补充调查报告书，连同相关材料一并移送人民检察院审查，对无法补充完善的证据，应当作出书面情况说明，并加盖监察机关或者承办部门公章； （二）在补充调查中发现新的同案犯或者增加、变更犯罪事实，需要追究刑事责任的，应当重新提出处理意见，移送人民检察院审查； （三）犯罪事实的认定出现重大变化，认为不应当追究被调查人刑事责任的，应当重新提出处理意见，将处理结果书面通知人民检察院并说明理由；	**第二百五十八条** 对人民检察院退回补充调查的案件，经审批分别作出下列处理： （一）认定犯罪事实的证据不够充分的，应当在补充证据后，制作补充调查报告书，连同相关材料一并移送人民检察院审查，对无法补充完善的证据，应当作出书面情况说明并加盖监察机关或者承办部门公章； （二）在补充调查中发现新的同案犯或者增加、变更犯罪事实，需要追究刑事责任的，应当重新提出处理意见，移送人民检察院审查； （三）犯罪事实的认定出现重大变化，认为不应当追究被调查人刑事责任的，应当**在补充调查期限内**重新提出处理意见，将处理结果书面通知人民检察	本条第三项中的"在补充调查期限内"系新增内容。

修订前	修订后	知识点提醒 (含简要修改说明)
（四）认为移送起诉的犯罪事实清楚，证据确实、充分的，应当说明理由，移送人民检察院依法审查。	院并说明理由； （四）认为移送起诉的犯罪事实清楚，证据确实、充分的，应当说明理由，移送人民检察院依法审查。	
第二百二十八条 人民检察院在审查起诉过程中发现新的职务违法或者职务犯罪问题线索并移送监察机关的，监察机关应当依法处置。	**第二百五十九条** 人民检察院在审查起诉过程中发现新的职务违法或者职务犯罪问题线索并移送监察机关的，监察机关应当依法处置。	本条内容未发生变化。
第二百二十九条 在案件审判过程中，人民检察院书面要求监察机关补充提供证据，对证据进行补正、解释，或者协助人民检察院补充侦查的，监察机关应当予以配合。监察机关不能提供有关证据材料的，应当书面说明情况。 人民法院在审判过程中就证据收集合法性问题要求有关调查人员出庭说明情况时，监察机关应当依法予以配合。	**第二百六十条** 在案件审判过程中，人民检察院书面要求监察机关补充提供证据，对证据进行补正、解释，或者协助人民检察院补充侦查的，监察机关应当予以配合。监察机关不能提供有关证据材料的，应当书面说明情况。 人民法院在审判过程中就证据收集合法性问题要求有关调查人员出庭说明情况时，监察机关应当依法予以配合。	本条内容未发生变化。

修订前	修订后	知识点提醒 (含简要修改说明)
第二百三十条 监察机关认为人民检察院不起诉决定有错误的，应当在收到不起诉决定书后三十日以内，依法向其上一级人民检察院提请复议。监察机关应当将上述情况及时向上一级监察机关书面报告。	**第二百六十一条** 监察机关认为人民检察院不起诉决定有错误的，应当在收到不起诉决定书后三十日以内，依法向其上一级人民检察院提请复议。监察机关应当将上述情况及时向上一级监察机关书面报告。	本条内容未发生变化。请注意监察机关提出复议的时限要求：在收到不起诉决定书后三十日以内。
第二百三十一条 对于监察机关移送起诉的案件，人民检察院作出不起诉决定，人民法院作出无罪判决，或者监察机关经人民检察院退回补充调查后不再移送起诉，涉及对被调查人已生效政务处分事实认定的，监察机关应当依法对政务处分决定进行审核。认为原政务处分决定认定事实清楚、适用法律正确的，不再改变；认为原政务处分决定确有错误或者不当的，依法予以撤销或者变更。	**第二百六十二条** 对于监察机关移送起诉的案件，人民检察院作出不起诉决定，人民法院作出无罪判决，或者监察机关经人民检察院退回补充调查后不再移送起诉，涉及对被调查人已生效政务处分事实认定的，监察机关应当依法对政务处分决定进行审核。认为原政务处分决定认定事实清楚、适用法律正确的，不再改变；认为原政务处分决定确有错误或者不当的，依法予以撤销或者变更。	本条内容未发生变化。

修订前	修订后	知识点提醒 (含简要修改说明)
第二百三十二条 对于贪污贿赂、失职渎职等职务犯罪案件，被调查人逃匿，在通缉一年后不能到案，或者被调查人死亡，依法应当追缴其违法所得及其他涉案财产的，承办部门在调查终结后应当依法移送审理。 　　监察机关应当经集体审议，出具《没收违法所得意见书》，连同案卷材料、证据等，一并移送人民检察院依法提出没收违法所得的申请。 　　监察机关将《没收违法所得意见书》移送人民检察院后，在逃的被调查人自动投案或者被抓获的，监察机关应当及时通知人民检察院。	**第二百六十三条** 对于贪污贿赂、失职渎职等职务犯罪案件，被调查人逃匿，在通缉一年后不能到案，或者被调查人死亡，依法应当追缴其违法所得及其他涉案财产的，承办部门在调查终结后应当依法移送审理。 　　监察机关应当经集体审议，出具《没收违法所得意见书》，连同案卷材料、证据等，一并移送人民检察院依法提出没收违法所得的申请。 　　监察机关将《没收违法所得意见书》移送人民检察院后，在逃的被调查人自动投案或者被抓获的，监察机关应当及时通知人民检察院。	本条内容未发生变化。
第二百三十三条 监察机关立案调查拟适用缺席审判程序的贪污贿赂犯罪案件，应当逐级报送国家监察委员会同意。	**第二百六十四条** 监察机关立案调查拟适用缺席审判程序的贪污贿赂犯罪案件，应当逐级报送国家监察委员会同意。	本条内容未发生变化。《条例》对监察机关立案调查拟适用缺席审判

修订前	修订后	知识点提醒 （含简要修改说明）
监察机关承办部门认为在境外的被调查人犯罪事实已经查清，证据确实、充分，依法应当追究刑事责任的，应当依法移送审理。 　　监察机关应当经集体审议，出具《起诉意见书》，连同案卷材料、证据等，一并移送人民检察院审查起诉。 　　在审查起诉或者缺席审判过程中，犯罪嫌疑人、被告人向监察机关自动投案或者被抓获的，监察机关应当立即通知人民检察院、人民法院。	监察机关承办部门认为在境外的被调查人犯罪事实已经查清，证据确实、充分，依法应当追究刑事责任的，应当依法移送审理。 　　监察机关应当经集体审议，出具《起诉意见书》，连同案卷材料、证据等，一并移送人民检察院审查起诉。 　　在审查起诉或者缺席审判过程中，犯罪嫌疑人、被告人向监察机关自动投案或者被抓获的，监察机关应当立即通知人民检察院、人民法院。	程序的案件设置了非常严格的审批程序，必须逐级报送国家监委同意，体现了对启动缺席审判程序的严格审慎态度。监察机关办理的拟适用缺席审判程序的案件范围仅限于贪污贿赂犯罪案件。需要注意的是，缺席审判程序只适用于被调查人潜逃境外的情形，不包括在境内长期隐匿的情形。
第六章　反腐败国际合作	**第六章　反腐败国际合作**	
第一节　工作职责和领导体制	第一节　工作职责和领导体制	
第二百三十四条　国家监察委员会统筹协调与其他国家、地区、国际组织	**第二百六十五条**　国家监察委员会统筹协调与其他国家、地区、国际组织	本条第三款第二项中的"会同有关单位开展"取代

修订前	修订后	知识点提醒 （含简要修改说明）
开展反腐败国际交流、合作。 　　国家监察委员会组织《联合国反腐败公约》等反腐败国际条约的实施以及履约审议等工作，承担《联合国反腐败公约》司法协助中央机关有关工作。 　　国家监察委员会组织协调有关单位建立集中统一、高效顺畅的反腐败国际追逃追赃和防逃协调机制，统筹协调、督促指导各级监察机关反腐败国际追逃追赃等涉外案件办理工作，具体履行下列职责： 　　（一）制定反腐败国际追逃追赃和防逃工作计划，研究工作中的重要问题； 　　（二）**组织协调**反腐败国际追逃追赃等重大涉外案件办理工作； 　　（三）办理由国家监察委员会管辖的涉外案件；	开展反腐败国际交流、合作。 　　国家监察委员会组织《联合国反腐败公约》等反腐败国际条约的实施以及履约审议等工作，承担《联合国反腐败公约》司法协助中央机关有关工作。 　　国家监察委员会组织协调有关单位建立集中统一、高效顺畅的反腐败国际追逃追赃和防逃协调机制，统筹协调、督促指导各级监察机关反腐败国际追逃追赃等涉外案件办理工作，具体履行下列职责： 　　（一）制定反腐败国际追逃追赃和防逃工作计划，研究工作中的重要问题； 　　（二）**会同有关单位开展**反腐败国际追逃追赃等重大涉外案件办理工作； 　　（三）办理由国家监察委员会管辖的涉外案件；	此前的"组织协调"。

修订前	修订后	知识点提醒 (含简要修改说明)
（四）指导地方各级监察机关依法开展涉外案件办理工作； （五）汇总和通报全国职务犯罪外逃案件信息和追逃追赃工作信息； （六）建立健全反腐败国际追逃追赃和防逃合作网络； （七）承担监察机关开展国际刑事司法协助的主管机关职责； （八）承担其他与反腐败国际追逃追赃等涉外案件办理工作相关的职责。	（四）指导地方各级监察机关依法开展涉外案件办理工作； （五）汇总和通报全国职务犯罪外逃案件信息和追逃追赃工作信息； （六）建立健全反腐败国际追逃追赃和防逃合作网络； （七）承担监察机关开展国际刑事司法协助的主管机关职责； （八）承担其他与反腐败国际追逃追赃等涉外案件办理工作相关的职责。	
第二百三十五条 地方各级监察机关在国家监察委员会领导下，统筹协调、督促指导本地区反腐败国际追逃追赃等涉外案件办理工作，具体履行下列职责： （一）落实上级监察机关关于反腐败国际追逃追赃和防逃工作部署，制定工作计划；	**第二百六十六条** 地方各级监察机关在国家监察委员会领导下，统筹协调、督促指导本地区反腐败国际追逃追赃等涉外案件办理工作，具体履行下列职责： （一）落实上级监察机关关于反腐败国际追逃追赃和防逃工作部署，制定工作计划；	本条第三款中"驻在单位"取代"本部门"。

修订前	修订后	知识点提醒 (含简要修改说明)
（二）按照管辖权限或者上级监察机关指定管辖，办理涉外案件； （三）按照上级监察机关要求，协助配合其他监察机关开展涉外案件办理工作； （四）汇总和通报本地区职务犯罪外逃案件信息和追逃追赃工作信息； （五）承担本地区其他与反腐败国际追逃追赃等涉外案件办理工作相关的职责。 省级监察委员会应当会同有关单位，建立健全本地区反腐败国际追逃追赃和防逃协调机制。 国家监察委员会派驻或者派出的监察机构、监察专员统筹协调、督促指导**本部门**反腐败国际追逃追赃等涉外案件办理工作，参照第一款规定执行。	（二）按照管辖权限或者上级监察机关指定管辖，办理涉外案件； （三）按照上级监察机关要求，协助配合其他监察机关开展涉外案件办理工作； （四）汇总和通报本地区职务犯罪外逃案件信息和追逃追赃工作信息； （五）承担本地区其他与反腐败国际追逃追赃等涉外案件办理工作相关的职责。省级监察委员会应当会同有关单位，建立健全本地区反腐败国际追逃追赃和防逃协调机制。 国家监察委员会派驻或者派出的监察机构、监察专员统筹协调、督促指导**驻在单位**反腐败国际追逃追赃等涉外案件办理工作，参照第一款规定执行。	

修订前	修订后	知识点提醒 (含简要修改说明)
第二百三十六条 国家监察委员会国际合作局归口管理监察机关反腐败国际追逃追赃等涉外案件办理工作。地方各级监察委员会应当明确专责部门，归口管理本地区涉外案件办理工作。 国家监察委员会派驻或者派出的监察机构、监察专员和地方各级监察机关办理涉外案件中有关执法司法国际合作事项，应当逐级报送国家监察委员会审批。由国家监察委员会依法直接或者协调有关单位与有关国家（地区）相关机构沟通，以双方认可的方式实施。	**第二百六十七条** 国家监察委员会国际合作局归口管理监察机关反腐败国际追逃追赃等涉外案件办理工作。地方各级监察委员会应当明确专责部门，归口管理本地区涉外案件办理工作。 国家监察委员会派驻或者派出的监察机构、监察专员和地方各级监察机关办理涉外案件中有关执法司法国际合作事项，应当逐级报送国家监察委员会审批。由国家监察委员会依法直接或者协调有关单位与有关国家（地区）相关机构沟通，以双方认可的方式实施。	本条表述未发生变化。
第二百三十七条 监察机关应当建立追逃追赃和防逃工作内部联络机制。承办部门在调查过程中，发现被调查人或者重要涉案人员外逃、违法所得及其他涉案财产被转移到境外的，可以请追逃	**第二百六十八条** 监察机关应当建立追逃追赃和防逃工作内部联络机制。承办部门在调查过程中，发现被调查人或者重要涉案人员外逃、违法所得及其他涉案财产被转移到境外的，可以请追逃	本条表述未发生变化。

修订前	修订后	知识点提醒 （含简要修改说明）
追赃部门提供工作协助。监察机关将案件移送人民检察院审查起诉后，仍有重要涉案人员外逃或者未追缴的违法所得及其他涉案财产的，应当由追逃追赃部门继续办理，或者由追逃追赃部门指定协调有关单位办理。	追赃部门提供工作协助。监察机关将案件移送人民检察院审查起诉后，仍有重要涉案人员外逃或者未追缴的违法所得及其他涉案财产的，应当由追逃追赃部门继续办理，或者由追逃追赃部门指定协调有关单位办理。	
第二节 国（境）内工作	第二节 国（境）内工作	
第二百三十八条 监察机关应当将防逃工作纳入日常监督内容，督促相关机关、单位建立健全防逃责任机制。 　　监察机关在监督、调查工作中，应当根据情况制定对监察对象、重要涉案人员的防逃方案，防范人员外逃和资金外流风险。监察机关应当会同同级组织人事、外事、公安、移民管理等单位健全防逃预警机制，对存在外逃风险的监察对象早发现、早报告、早处置。	**第二百六十九条** 监察机关应当将防逃工作纳入日常监督内容，督促相关机关、单位建立健全防逃责任机制。 　　监察机关在监督、调查工作中，应当根据情况制定对监察对象、重要涉案人员的防逃方案，防范人员外逃和资金外流风险。监察机关应当会同同级组织人事、外事、公安、移民管理等单位健全防逃预警机制，对存在外逃风险的监察对象早发现、早报告、早处置。	本条表述未发生变化。

修订前	修订后	知识点提醒 (含简要修改说明)
第二百三十九条 监察机关应当加强与同级人民银行、公安等单位的沟通协作，推动预防、打击利用离岸公司和地下钱庄等向境外转移违法所得及其他涉案财产，对涉及职务违法和职务犯罪的行为依法进行调查。	**第二百七十条** 监察机关应当加强与同级人民银行、公安等单位的沟通协作，推动预防、打击利用离岸公司和地下钱庄等向境外转移违法所得及其他涉案财产，对涉及职务违法和职务犯罪的行为依法进行调查。	本条表述未发生变化。
第二百四十条 国家监察委员会派驻或者派出的监察机构、监察专员和地方各级监察委员会发现监察对象出逃、失踪、出走，或者违法所得及其他涉案财产被转移至境外的，应当在二十四小时以内将有关信息逐级报送至国家监察委员会国际合作局，并迅速开展相关工作。	**第二百七十一条** 国家监察委员会派驻或者派出的监察机构、监察专员和地方各级监察委员会发现监察对象出逃、失踪、出走，或者违法所得及其他涉案财产被转移至境外的，应当在二十四小时以内将有关信息逐级报送至国家监察委员会国际合作局，并迅速开展相关工作。	本条表述未发生变化。请注意时限要求：在二十四小时以内将有关信息逐级报送至国家监察委员会国际合作局。
第二百四十一条 监察机关追逃追赃部门统一接收巡视巡察机构、审计机关、**行政执法部门**、司法机关等单位移交的外逃信息。	**第二百七十二条** 监察机关追逃追赃部门统一接收巡视巡察机构、审计机关、**执法机关**、司法机关等单位移交的外逃信息。	本条第一款中"执法机关"取代"行政执法部门"。

修订前	修订后	知识点提醒 (含简要修改说明)
监察机关对涉嫌职务违法和职务犯罪的外逃人员，应当明确承办部门，建立案件档案。	监察机关对涉嫌职务违法和职务犯罪的外逃人员，应当明确承办部门，建立案件档案。	
第二百四十二条 监察机关应当依法全面收集外逃人员涉嫌职务违法和职务犯罪证据。	**第二百七十三条** 监察机关应当依法全面收集外逃人员涉嫌职务违法和职务犯罪证据。	本条表述未发生变化。
第二百四十三条 开展反腐败国际追逃追赃等涉外案件办理工作，应当把思想教育贯穿始终，落实宽严相济刑事政策，依法适用认罪认罚从宽制度，促使外逃人员回国投案或者配合调查、主动退赃。开展相关工作，应当尊重所在国家（地区）的法律规定。	**第二百七十四条** 开展反腐败国际追逃追赃等涉外案件办理工作，应当把思想教育贯穿始终，落实宽严相济刑事政策，依法适用认罪认罚从宽制度，促使外逃人员回国投案或者配合调查、主动退赃。开展相关工作，应当尊重所在国家（地区）的法律规定。	本条表述未发生变化。
第二百四十四条 外逃人员归案、违法所得及其他涉案财产被追缴后，承办案件的监察机关应当将情况逐级报送	**第二百七十五条** 外逃人员归案、违法所得及其他涉案财产被追缴后，承办案件的监察机关应当将情况逐级报送	本条表述未发生变化。

修订前	修订后	知识点提醒 (含简要修改说明)
国家监察委员会国际合作局。监察机关应当依法对涉案人员和违法所得及其他涉案财产作出处置，或者请有关单位依法处置。对不需要继续采取相关措施的，应当及时解除或者撤销。	国家监察委员会国际合作局。监察机关应当依法对涉案人员和违法所得及其他涉案财产作出处置，或者请有关单位依法处置。对不需要继续采取相关措施的，应当及时解除或者撤销。	
第三节 对外合作	第三节 对外合作	
第二百四十五条 监察机关对依法应当留置或者已经决定留置的外逃人员，需要申请发布国际刑警组织红色通报的，应当逐级报送国家监察委员会审核。国家监察委员会审核后，依法通过公安部向国际刑警组织提出申请。 需要延期、暂停、撤销红色通报的，申请发布红色通报的监察机关应当逐级报送国家监察委员会审核，由国家监察委员会依法通过公安部联系国际刑警组织办理。	**第二百七十六条** 监察机关对依法应当留置或者已经决定留置的外逃人员，需要申请发布国际刑警组织红色通报的，应当逐级报送国家监察委员会审核。国家监察委员会审核后，依法通过公安部向国际刑警组织提出申请。 需要延期、暂停、撤销红色通报的，申请发布红色通报的监察机关应当逐级报送国家监察委员会审核，由国家监察委员会依法通过公安部联系国际刑警组织办理。	本条表述未发生变化。

修订前	修订后	知识点提醒 (含简要修改说明)
第二百四十六条 地方各级监察机关通过引渡方式办理相关涉外案件的，应当按照**引渡法**、相关双边及多边国际条约等规定准备引渡请求书及相关材料，逐级报送国家监察委员会审核。由国家监察委员会依法通过**外交等渠道**向外国提出引渡请求。	**第二百七十七条** 地方各级监察机关通过引渡方式办理相关涉外案件的，应当按照《**中华人民共和国引渡法**》、相关双边及多边国际条约等规定准备引渡请求书及相关材料，逐级报送国家监察委员会审核。由国家监察委员会依法通过**外交途径**向外国提出引渡请求。	本条用"外交途径"取代"外交等渠道"。
第二百四十七条 地方各级监察机关通过刑事司法协助方式办理相关涉外案件的，应当按照**国际刑事司法协助法**、相关双边及多边国际条约等规定准备刑事司法协助请求书及相关材料，逐级报送国家监察委员会审核。由国家监察委员会依法直接或者通过对外联系机关等渠道，向外国提出刑事司法协助请求。 国家监察委员会收到外国提出的刑	**第二百七十八条** 地方各级监察机关通过刑事司法协助方式办理相关涉外案件的，应当按照《**中华人民共和国国际刑事司法协助法**》（以下简称国际刑事司法协助法）、相关双边及多边国际条约等规定准备刑事司法协助请求书及相关材料，逐级报送国家监察委员会审核。由国家监察委员会依法直接或者通过对外联系机关等渠道，向外国提出刑事司法协助请求。	本条表述未发生实质性变化。

修订前	修订后	知识点提醒 (含简要修改说明)
事司法协助请求书及所附材料，经审查认为符合有关规定的，作出决定并交由省级监察机关执行，或者转交其他有关主管机关。省级监察机关应当立即执行，或者交由下级监察机关执行，并将执行结果或者妨碍执行的情形及时报送国家监察委员会。在执行过程中，需要依法采取查询、调取、查封、扣押、冻结等措施或者需要返还涉案财物的，根据我国法律规定和国家监察委员会的执行决定办理有关法律手续。	国家监察委员会收到外国提出的刑事司法协助请求书及所附材料，经审查认为符合有关规定的，作出决定并交由省级监察机关执行，或者转交其他有关主管机关。省级监察机关应当立即执行，或者交由下级监察机关执行，并将执行结果或者妨碍执行的情形及时报送国家监察委员会。在执行过程中，需要依法采取查询、调取、查封、扣押、冻结等措施或者需要返还涉案财物的，根据我国法律规定和国家监察委员会的执行决定办理有关法律手续。	
第二百四十八条 地方各级监察机关通过执法合作方式办理相关涉外案件的，应当将合作事项及相关材料逐级报送国家监察委员会审核。由国家监察委员会依法直接或者协调有关单位，向有	**第二百七十九条** 地方各级监察机关通过执法合作方式办理相关涉外案件的，应当将合作事项及相关材料逐级报送国家监察委员会审核。由国家监察委员会依法直接或者协调有关单位，向有	本条表述未发生变化。

修订前	修订后	知识点提醒（含简要修改说明）
关国家（地区）相关机构提交并开展合作。	关国家（地区）相关机构提交并开展合作。	
第二百四十九条 地方各级监察机关通过境外追诉方式办理相关涉外案件的，应当提供外逃人员相关违法线索和证据，逐级报送国家监察委员会审核。由国家监察委员会**依法**直接或者协调有关单位向有关国家（地区）相关机构提交，请其依法对外逃人员调查、起诉**和审判，并商有关国家（地区）遣返外逃人员。**	**第二百八十条** 地方各级监察机关通过境外追诉方式办理相关涉外案件的，应当提供外逃人员相关违法线索和证据，逐级报送国家监察委员会审核。由国家监察委员会**按照国际刑事司法协助法等规定**直接或者协调有关单位向有关国家（地区）相关机构提交，请其依法对外逃人员调查、起诉、审判，**移管被判刑人或者**遣返外逃人员。	"移管被判刑人"系新增表述。
第二百五十条 监察机关对依法应当追缴的境外违法所得及其他涉案财产，应当责令涉案人员以合法方式退赔。涉案人员拒不退赔的，可以依法通过下列方式追缴： （一）在开展引渡等追逃合作时，随附请求有关国家（地区）移交相关违法所得及其他涉案财产；	**第二百八十一条** 监察机关对依法应当追缴的境外违法所得及其他涉案财产，应当责令涉案人员以合法方式退赔。涉案人员拒不退赔的，可以依法通过下列方式追缴： （一）在开展引渡等追逃合作时，随附请求有关国家（地区）移交相关违法所得及其他涉案财产；	本条第二项中的"申请"系新增表述，用"作出没收裁定"取代"作出冻结、没收裁定"表述，删除"冻结"。

修订前	修订后	知识点提醒 （含简要修改说明）
（二）依法启动违法所得没收程序，由人民法院对相关违法所得及其他涉案财产作出**冻结**、没收裁定，请有关国家（地区）承认和执行，并予以返还； （三）请有关国家（地区）依法追缴相关违法所得及其他涉案财产，并予以返还； （四）通过其他合法方式追缴。	（二）依法启动违法所得没收程序，**申请**由人民法院对相关违法所得及其他涉案财产作出没收裁定，请有关国家（地区）承认和执行，并予以返还； （三）请有关国家（地区）依法追缴相关违法所得及其他涉案财产，并予以返还； （四）通过其他合法方式追缴。	
第七章　对监察机关和监察人员的监督	**第七章　对监察机关和监察人员的监督**	
第二百五十一条　监察机关和监察人员必须自觉坚持党的领导，在党组织的管理、监督下开展工作，依法接受本级人民代表大会及其常务委员会的监督，接受民主监督、司法监督、社会监督、舆论监督，加强内部监督制约机制建设，确保权力受到严格的约束和监督。	**第二百八十二条**　监察机关和监察人员必须自觉坚持党的领导，在党组织的管理、监督下开展工作，依法接受本级人民代表大会及其常务委员会的监督，接受民主监督、司法监督、社会监督、舆论监督，加强内部监督制约机制建设，确保权力受到严格的约束和监督。	本条表述未发生变化。

修订前	修订后	知识点提醒（含简要修改说明）
第二百五十二条 各级监察委员会应当按照监察法**第五十三条**第二款规定，由**主任**在本级人民代表大会常务委员会全体会议上报告专项工作。 在报告专项工作前，应当与本级人民代表大会有关专门委员会沟通协商，并配合开展调查研究等工作。各级人民代表大会常务委员会审议专项工作报告时，本级监察委员会应当根据要求派出**领导成员**列席相关会议，听取意见。 各级监察委员会应当认真研究**办理**本级人民代表大会常务委员会反馈的审议意见，并按照要求书面报告**办理**情况。	**第二百八十三条** 各级监察委员会应当按照监察法**第六十条**第二款规定，由**主要负责人**在本级人民代表大会常务委员会全体会议上报告专项工作。 在报告专项工作前，应当与本级人民代表大会有关专门委员会、**常务委员会有关工作机构**沟通协商，并配合开展**专题**调查研究等工作。各级人民代表大会常务委员会审议专项工作报告时，本级监察委员会应当根据要求派出**负责人**列席相关会议，听取意见。 各级监察委员会应当认真研究**处理**本级人民代表大会常务委员会反馈的审议意见，并按照要求书面报告**研究处理**情况。**本级人民代表大会常务委员会对专项工作报告作出决议的，监察委员会应当在决议规定的期限内，将执行决议的情况向其报告。**	本条第一款中"主要负责人"取代"主任"表述。 第二款中的"常务委员会有关工作机构"系新增表述，用"负责人"取代此前的"领导成员"，用"专题调查研究"取代"调查研究"。 第三款中的"处理"代替"办理"。"本级人民代表大会常务委员会对专项工作报告作出决议的，监察委员会应当在决议规定的期限内，将执行决议的情况向其报告"系新增内容。

修订前	修订后	知识点提醒（含简要修改说明）
第二百五十三条 各级监察委员会应当积极接受、配合本级人民代表大会常务委员会组织的执法检查。对本级人民代表大会常务委员会的执法检查报告，应当认真研究处理，并向其报告处理情况。	第二百八十四条 各级监察委员会应当积极接受、配合本级人民代表大会常务委员会组织的执法检查。对本级人民代表大会常务委员会的执法检查报告，应当认真研究处理，并向其报告**研究处理情况。本级人民代表大会常务委员会对执法检查报告作出决议的，监察委员会应当在决议规定的期限内，将执行决议的情况向其报告。**	"本级人民代表大会常务委员会对执法检查报告作出决议的，监察委员会应当在决议规定的期限内，将执行决议的情况向其报告"系新增内容。
第二百五十四条 各级监察委员会在本级人民代表大会常务委员会会议审议与监察工作有关的议案和报告时，应当派相关负责人到会听取意见，回答询问。 监察机关对依法交由监察机关答复的质询案应当按照要求进行答复。口头答复的，由监察机关主要负责人或者委	第二百八十五条 各级监察委员会在本级人民代表大会常务委员会会议审议与监察工作有关的议案和报告时，应当派相关负责人到会听取意见，回答询问。 **本级人民代表大会常务委员会就与监察工作有关的重大问题，召开全体会议、联组会议或者分组会议进行专题询**	本条第二款系新增内容。

· 211 ·

修订前	修订后	知识点提醒(含简要修改说明)
派相关负责人到会答复。书面答复的,由监察机关主要负责人签署。	问的,监察委员会负责人应当到会,听取意见,回答询问。各级监察委员会应当及时向本级人民代表大会常务委员会提交专题询问中提出意见的研究处理情况报告。 监察机关对依法交由监察机关答复的质询案应当按照要求进行答复。口头答复的,由监察机关主要负责人或者委派相关负责人到会答复。书面答复的,由监察机关主要负责人签署。	
第二百五十五条 各级监察机关应当通过互联网政务媒体、报刊、广播、电视等途径,向社会及时准确公开下列监察工作信息: (一)监察法规; (二)依法应当向社会公开的案件调查信息;	**第二百八十六条** 各级监察机关应当通过互联网政务媒体、报刊、广播、电视等途径,向社会及时准确公开下列监察工作信息: (一)监察法规; (二)依法应当向社会公开的案件调查信息;	本条表述未发生变化。

修订前	修订后	知识点提醒 (含简要修改说明)
（三）检举控告地址、电话、网站等信息； （四）其他依法应当公开的信息。	（三）检举控告地址、电话、网站等信息； （四）其他依法应当公开的信息。	
第二百五十六条 各级监察机关可以根据工作需要，按程序选聘特约监察员履行监督、咨询等职责。特约监察员名单应当向社会公布。 监察机关应当为特约监察员依法开展工作提供必要条件和便利。	**第二百八十七条** 各级监察机关可以根据工作需要，按程序选聘特约监察员履行监督、咨询等职责。特约监察员名单应当向社会公布。 监察机关应当为特约监察员依法开展工作提供必要条件和便利。**特约监察员对监察机关提出的意见、建议和批评，监察机关应当及时办理和反馈。**	本条第二款中的"特约监察员对监察机关提出的意见、建议和批评，监察机关应当及时办理和反馈"系新增表述。
第二百五十七条 监察机关实行严格的人员准入制度，严把政治关、品行关、能力关、作风关、廉洁关。监察人员必须忠诚坚定、担当尽责、遵纪守法、清正廉洁。	**第二百八十八条** 监察机关实行严格的人员准入制度，严把政治关、品行关、能力关、作风关、廉洁关。监察人员必须忠诚坚定、担当尽责、遵纪守法、清正廉洁。	本条表述未发生变化。

修订前	修订后	知识点提醒 (含简要修改说明)
第二百五十八条 监察机关应当建立监督检查、调查、案件监督管理、案件审理等部门相互协调制约的工作机制。 监督检查和调查部门实行分工协作、相互制约。监督检查部门主要负责联系地区、部门、单位的日常监督检查和对涉嫌一般违法问题线索处置。调查部门主要负责对涉嫌严重职务违法和职务犯罪问题线索进行初步核实和立案调查。 案件监督管理部门负责对监督检查、调查工作全过程进行监督管理，做好线索管理、组织协调、监督检查、督促办理、统计分析等工作。案件监督管理部门发现监察人员在监督检查、调查中有违规办案行为的，及时督促整改；	**第二百八十九条** 监察机关应当建立**信访举报**、监督检查、调查、案件监督管理、案件审理等部门相互协调制约的工作机制。 监督检查和调查部门实行分工协作、相互制约。监督检查部门主要负责联系地区、部门、单位的日常监督检查和对涉嫌一般违法问题线索处置。调查部门主要负责对涉嫌严重职务违法和职务犯罪问题线索进行初步核实和立案调查。 案件监督管理部门负责对监督检查、调查工作全过程进行监督管理，做好线索管理、组织协调、监督检查、督促办理、统计分析等工作。案件监督管理部门发现监察人员在监督检查、调查中有违规办案行为的，及时督促整改；	本条第一款中的"信访举报"系新增内容。

修订前	修订后	知识点提醒 (含简要修改说明)
涉嫌违纪违法的，根据管理权限移交相关部门处理。	涉嫌违纪违法的，根据管理权限移交相关部门处理。	
	第二百九十条 监察机关应当部署使用覆盖信访举报、线索处置、监督检查、调查、案件审理等监察执法主要流程和关键要素的监察一体化工作平台，推动数字技术融入监察工作，通过信息化手段加强对监督、调查、处置工作的全过程监督管理。	本条系新增内容。
第二百五十九条 监察机关应当对监察权运行关键环节进行经常性监督检查，适时开展专项督查。案件监督管理、案件审理等部门应当按照各自职责，对问题线索处置、调查措施使用、涉案财物管理等进行监督检查，建立常态化、全覆盖的案件质量评查机制。	**第二百九十一条** 监察机关应当对监察权运行关键环节进行经常性监督检查，适时开展专项督查。案件监督管理、案件审理等部门应当按照各自职责，对问题线索处置、调查措施使用、涉案财物管理等进行监督检查，建立常态化、全覆盖的案件质量评查机制。	本条表述未发生变化。

修订前	修订后	知识点提醒 (含简要修改说明)
第二百六十条 监察机关应当加强对监察人员执行职务和遵纪守法情况的监督，按照管理权限依法对监察人员涉嫌违法犯罪问题进行调查处置。	**第二百九十二条** 监察机关应当加强对监察人员执行职务和遵纪守法情况的监督，按照管理权限依法对监察人员涉嫌违法犯罪问题进行调查处置。	本条表述未发生变化。
第二百六十一条 监察机关及其监督检查、调查部门负责人应当定期检查调查期间的录音录像、谈话笔录、涉案财物登记资料，加强对调查全过程的监督，发现问题及时纠正并报告。	**第二百九十三条** 监察机关及其监督检查、调查部门负责人应当定期检查调查期间的录音录像、谈话笔录、**讯问笔录、询问笔录**、涉案财物登记资料，加强对调查全过程的监督，发现问题及时纠正并报告。 对谈话、讯问和询问的同步录音录像，应当重点检查是否存在以下情形： （一）以暴力、威胁等非法方法收集证据； （二）未保证被调查人的饮食和必要的休息时间；	本条第一款中的"讯问笔录、询问笔录"系新增表述。 第二款系新增内容。

修订前	修订后	知识点提醒 (含简要修改说明)
	（三）谈话笔录、讯问笔录、询问笔录记载的起止时间与谈话、讯问、询问录音录像资料反映的起止时间不一致； （四）谈话笔录、讯问笔录、询问笔录与谈话、讯问、询问录音录像资料内容存在实质性差异。	
第二百六十二条 对监察人员打听案情、过问案件、说情干预的，办理监察事项的监察人员应当及时向上级负责人报告。有关情况应当登记备案。 发现办理监察事项的监察人员未经批准接触被调查人、涉案人员及其特定关系人，或者存在交往情形的，知情的监察人员应当及时向上级负责人报告。有关情况应当登记备案。	**第二百九十四条** 对监察人员打听案情、过问案件、说情干预的，办理监察事项的监察人员应当及时向上级负责人报告。有关情况应当登记备案。 发现办理监察事项的监察人员未经批准接触被调查人、涉案人员及其特定关系人，或者存在交往情形的，知情的监察人员应当及时向上级负责人报告。有关情况应当登记备案。	本条表述未发生变化。

修订前	修订后	知识点提醒（含简要修改说明）
第二百六十三条 办理监察事项的监察人员有监察法**第五十八条**所列情形之一的，应当自行提出回避；没有自行提出回避的，监察机关应当依法决定其回避，监察对象、检举人及其他有关人员也有权要求其回避。 选用借调人员、看护人员、调查场所，应当严格执行回避制度。	**第二百九十五条** 办理监察事项的监察人员有监察法**第六十七条**所列情形之一的，应当自行提出回避；没有自行提出回避的，监察机关应当依法决定其回避，监察对象、检举人及其他有关人员也有权要求其回避。 选用借调人员、看护人员、调查场所，应当严格执行回避制度。	本条表述未发生实质性变化，仅对条文序号进行了更新。
第二百六十四条 监察人员自行提出回避，或者监察对象、检举人及其他有关人员要求监察人员回避的，应当书面或者口头提出，并说明理由。口头提出的，应当形成记录。 监察机关主要负责人的回避，由上级监察机关主要负责人决定；其他监察人员的回避，由本级监察机关主要负责人决定。	**第二百九十六条** 监察人员自行提出回避，或者监察对象、检举人及其他有关人员要求监察人员回避的，应当书面或者口头提出，并说明理由。口头提出的，应当形成记录。 监察机关主要负责人的回避，由上级监察机关主要负责人决定；其他监察人员的回避，由本级监察机关主要负责人决定。	本条表述未发生变化。

修订前	修订后	知识点提醒 (含简要修改说明)
第二百六十五条 上级监察机关应当通过专项检查、业务考评、开展复查等方式，强化对下级监察机关及监察人员执行职务和遵纪守法情况的监督。	**第二百九十七条** 上级监察机关应当通过专项检查、业务考评、开展复查等方式，强化对下级监察机关及监察人员执行职务和遵纪守法情况的监督。	本条表述未发生变化。
第二百六十六条 监察机关应当对监察人员有计划地进行政治、理论和业务培训。培训应当坚持理论联系实际、按需施教、讲求实效，突出政治机关特色，建设**高素质专业化监察队伍**。	**第二百九十八条** 监察机关应当对监察人员有计划地进行政治、理论和业务培训。培训应当坚持理论联系实际、按需施教、讲求实效，突出政治机关特色，建设**忠诚干净担当、敢于善于斗争的高素质专业化监察队伍，全面提高监察工作规范化法治化正规化水平**。	"忠诚干净担当、敢于善于斗争""全面提高监察工作规范化法治化正规化水平"均系新增内容。
第二百六十七条 监察机关应当严格执行保密制度，控制监察事项知悉范围和时间。监察人员不准私自留存、隐匿、查阅、摘抄、复制、携带问题线索和涉案资料，严禁泄露监察工作秘密。	**第二百九十九条** 监察机关应当严格执行保密制度，控制监察事项知悉范围和时间。监察人员不准私自留存、隐匿、查阅、摘抄、复制、携带问题线索和涉案资料，严禁泄露监察工作秘密。	本条表述未发生变化。

修订前	修订后	知识点提醒 （含简要修改说明）
监察机关应当建立健全检举控告保密制度，对检举控告人的姓名（单位名称）、工作单位、住址、电话和邮箱等有关情况以及检举控告内容必须严格保密。	监察机关应当建立健全检举控告保密制度，对检举控告人的姓名（单位名称）、工作单位、住址、电话和邮箱等有关情况以及检举控告内容必须严格保密。	
第二百六十八条　监察机关涉密人员离岗离职后，应当遵守脱密期管理规定，严格履行保密义务，不得泄露相关秘密。	第三百条　监察机关涉密人员离岗离职后，应当遵守脱密期管理规定，严格履行保密义务，不得泄露相关秘密。	本条表述未发生变化。
第二百六十九条　监察人员离任三年以内，不得从事与监察和司法工作相关联且可能发生利益冲突的职业。 监察人员离任后，不得担任原任职监察机关办理案件的诉讼代理人或者辩护人，但是作为当事人的监护人或者近亲属代理诉讼或者进行辩护的除外。	第三百零一条　监察人员离任三年以内，不得从事与监察和司法工作相关联且可能发生利益冲突的职业。 监察人员离任后，不得担任原任职监察机关办理案件的诉讼代理人或者辩护人，但是作为当事人的监护人或者近亲属代理诉讼或者进行辩护的除外。	本条表述未发生变化。

修订前	修订后	知识点提醒 (含简要修改说明)
第二百七十条 监察人员应当严格遵守有关规范领导干部配偶、子女及其配偶经商办企业行为的规定。	**第三百零二条** 监察人员应当严格遵守有关规范领导干部配偶、子女及其配偶经商办企业行为的规定。	本条表述未发生变化。
第二百七十一条 监察机关在履行职责过程中应当依法保护企业产权和自主经营权，严禁利用职权非法干扰企业生产经营。需要企业经营者协助调查的，应当依法保障其**合法的人身、财产等权益**，避免或者减少对涉案企业正常生产、经营活动的影响。 **查封企业厂房、机器设备等生产资料**，企业继续使用对该**财产**价值无重大影响的，可以允许其使用。对于正在运营或者正在用于科技创新、产品研发的设备和技术资料等，一般不予查封、扣押，确需调取违法犯罪证据的，可以采取拍照、复制等方式。	**第三百零三条** 监察机关**及其工作人员**在履行职责过程中应当依法保护企业产权和自主经营权，严禁利用职权非法干扰企业生产经营。需要企业经营者协助调查的，应当依法保障其**人身权利、财产权利和其他合法权益**，避免或者**尽量**减少对涉案企业正常生产经营活动的影响。 **监察机关查封、扣押、冻结以及追缴涉案财物，应当严格区分企业财产与经营者个人财产，被调查人个人财产与家庭成员财产，违法所得、其他涉案财产与合法财产。** 查封**经营性涉案财物**，企业继续使	本条第一款"及其工作人员""尽量"系新增内容；用"人身权利、财产权利和其他合法权益"取代"合法的人身、财产等权益"。 第二款内容系新增，本款体现了《条例》第七条监察机关充分保障监察对象以及相关人员的财产权的理念。 第三款用"查封经营性涉案财物"取代"查封企业厂房、机器设备等生产资料"。

· 221 ·

修订前	修订后	知识点提醒 （含简要修改说明）
	用对该**涉案财物**价值无重大影响的，可以允许其使用。**对于按规定不应交由企业保管使用的涉案财物，监察机关应当采取合理的保管保值措施。**对于正在运营或者正在用于科技创新、产品研发的设备和技术资料等，一般不予查封、扣押，确需调取违法犯罪证据的，可以采取拍照、复制等方式。	"对于按规定不应交由企业保管使用的涉案财物，监察机关应当采取合理的保管保值措施"系新增内容。
	第三百零四条 监察机关根据已经掌握的事实及证据，发现涉嫌严重职务违法或者职务犯罪的监察人员可能实施下列行为之一的，经依法审批，可以在具备安全保障条件的场所对其采取禁闭措施： （一）继续实施违法犯罪行为的； （二）为被调查人或者涉案人员通风报信等泄露监察工作秘密的；	本条系新增内容。

修订前	修订后	知识点提醒 （含简要修改说明）
	（三）威胁、恐吓、蓄意报复举报人、控告人、被害人、证人、鉴定人等相关人员的； （四）其他可能造成更为严重的后果或者恶劣影响的行为。	
	第三百零五条　采取禁闭措施时，调查人员不得少于二人，应当向被禁闭人员宣布《禁闭决定书》，告知被禁闭人员权利义务，要求其在《禁闭决定书》上签名、捺指印。被禁闭人员拒绝签名、捺指印的，调查人员应当在文书上记明。 禁闭的期限不得超过七日，自向被禁闭人员宣布之日起算。	本条系新增内容。
	第三百零六条　采取禁闭措施后，应当在二十四小时以内通知被禁闭人员所在单位和家属。当面通知的，由有关	本条系新增内容。

修订前	修订后	知识点提醒 (含简要修改说明)
	人员在《禁闭通知书》上签名。无法当面通知的，可以先以电话等方式通知，并通过邮寄、转交等方式送达《禁闭通知书》，要求有关人员在《禁闭通知书》上签名。有关人员拒绝签名的，调查人员应当在文书上记明。 因可能伪造、隐匿、毁灭证据，干扰证人作证或者串供等有碍调查情形而不宜通知的，应当按规定报批，记录在案。有碍调查的情形消失后，应当立即通知被禁闭人员所在单位和家属。	
	第三百零七条 对被禁闭人员不需要继续采取禁闭措施的，应当按规定报批后解除禁闭或者变更为责令候查措施。禁闭期满的，应当按规定报批后予以解除。	本条系新增内容。 禁闭期满后若需解除禁闭措施，需要经审批。建议将《条例》第一百一十九条第一款（管护期满）、

修订前	修订后	知识点提醒 （含简要修改说明）
	解除禁闭措施的，调查人员应当向被禁闭人员宣布解除禁闭措施的决定，由其在《解除禁闭决定书》上签名、捺指印；变更为责令候查措施的，应当向被禁闭人员宣布变更为责令候查措施的决定，由其在《变更禁闭决定书》上签名、捺指印。被禁闭人员拒绝签名、捺指印的，调查人员应当在文书上记明。 解除禁闭措施或者变更为责令候查措施的，应当及时通知被禁闭人员所在单位和家属、申请人。调查人员应当与交接人办理交接手续，并由其在《解除禁闭通知书》或者《变更禁闭通知书》上签名。无法通知或者有关人员拒绝签名的，调查人员应当在文书上记明。不得因办理交接手续延迟解除或者变更禁闭措施。	第一百三十四条第一款（留置期满）贯通起来学习。《条例》第一百零二条规定，强制到案期满后，处置措施是立即结束强制到案，不需要"经审批"。

修订前	修订后	知识点提醒（含简要修改说明）
	在禁闭期满前，对被禁闭人员采取管护、留置措施的，按照本条例关于采取管护、留置措施的规定执行。	
第二百七十二条 被调查人及其近亲属认为监察机关及监察人员存在监察法**第六十条**第一款规定的有关情形，向监察机关提出申诉的，由监察机关案件监督管理部门依法受理，**并按照法定的程序和时限办理。**	**第三百零八条** 被调查人及其近亲属、**利害关系人**认为监察机关及其工作人员存在监察法**第六十九条**第一款规定的有关情形，向监察机关提出申诉的，由监察机关案件监督管理部门依法受理。监察机关应当自受理申诉之日起一个月以内作出处理决定。 前款规定的利害关系人，是指与有关涉案财产存在利害关系的自然人、法人或者其他组织。	本条第一款中"利害关系人""监察机关应当自受理申诉之日起一个月以内作出处理决定"系新增表述。 第二款系新增内容。
	第三百零九条 监察机关案件监督管理部门受理申诉后，应当组织成立核查组，对申诉反映的问题进行核实。根据工作需要，核查组可以调阅相关措施	本条系新增内容。

修订前	修订后	知识点提醒（含简要修改说明）
	文书等材料，听取申诉人意见和承办部门工作人员的情况说明。案件监督管理部门应当集体研究，提出办理意见，经审批作出决定。	
	第三百一十条　监察机关应当自申诉处理决定作出之日起七日以内，向申诉人送达申诉处理决定书，要求其在申诉处理决定书上签名。申诉人拒绝签名的，工作人员应当在文书上记明。	本条系新增内容。 申诉处理决定书送达时限要求：自申诉处理决定作出之日起七日以内。
	第三百一十一条　申诉人对申诉处理决定不服的，可以自收到申诉处理决定书之日起一个月以内向上一级监察机关申请复查。上一级监察机关应当进行核实，并自收到复查申请之日起二个月以内作出处理决定。	本条系新增内容。 申诉人申请复查的时限要求：自收到申诉处理决定书之日起一个月以内。 上一级监察机关作出复查决定时限要求：自收到复查申请之日起二个月以内作出处理决定。

修订前	修订后	知识点提醒 (含简要修改说明)
	第三百一十二条　监察机关应当加强留置场所管理和监督工作，依法规范管理、使用留置场所。 　　留置场所应当建立健全保密、消防、医疗、防疫、餐饮及安保等方面安全制度，制定突发事件处置预案，采取安全防范措施，严格落实安全工作责任制。 　　发生被强制到案人员、被管护人员、被留置人员或者被禁闭人员死亡、伤残、脱逃等办案安全事故、事件的，应当及时做好处置、处理工作。相关情况应当立即报告监察机关主要负责人，并在二十四小时以内逐级上报至国家监察委员会。	本条第一款系新增表述。本条第二款、第三款由 2021 年《条例》第一百零三条完善而来。 　　请注意上报办案安全事故、事件时限要求：相关情况应当立即报告监察机关主要负责人，并在二十四小时以内逐级上报至国家监察委员会。

修订前	修订后	知识点提醒 (含简要修改说明)
第二百七十三条 监察机关在维护监督执法调查工作纪律方面失职失责的，依法追究责任。监察人员涉嫌严重职务违法、职务犯罪或者对案件处置出现重大失误的，既应当追究直接责任，还应当严肃追究负有责任的领导人员责任。 　　监察机关应当建立办案质量责任制，对滥用职权、失职失责造成严重后果的，实行终身责任追究。	**第三百一十三条** 监察机关在维护监督执法调查工作纪律方面失职失责的，依法追究责任。监察人员涉嫌严重职务违法、职务犯罪或者对案件处置出现重大失误的，既应当追究直接责任，还应当严肃追究负有责任的领导人员责任。 　　监察机关应当建立办案质量责任制，对滥用职权、失职失责造成严重后果的，实行终身责任追究。	本条表述未发生变化。
第八章　法律责任	**第八章　法律责任**	
第二百七十四条 有关单位拒不执行监察机关依法作出的下列处理决定的，应当由其主管部门、上级机关责令改正，对单位给予通报批评，对负有责任的领导人员和直接责任人员依法给予处理：	**第三百一十四条** 有关单位拒不执行监察机关依法作出的下列处理决定的，应当由其主管部门、上级机关责令改正，对单位给予通报批评，对负有责任的领导人员和直接责任人员依法给予处理：	

· 229 ·

修订前	修订后	知识点提醒（含简要修改说明）
（一）政务处分决定； （二）问责决定； （三）谈话提醒、批评教育、责令检查，或者予以诫勉的决定； （四）采取调查措施的决定； （五）复审、复核决定； （六）监察机关依法作出的其他处理决定。	（一）政务处分决定； （二）问责决定； （三）谈话提醒、批评教育、责令检查，或者予以诫勉的决定； （四）采取调查措施的决定； （五）复审、复核决定； （六）监察机关依法作出的其他处理决定。	本条表述未发生变化。
第二百七十五条 监察对象对控告人、申诉人、批评人、检举人、证人、监察人员进行打击、压制等报复陷害的，监察机关应当依法给予政务处分。构成犯罪的，依法追究刑事责任。	**第三百一十五条** 监察对象对控告人、申诉人、批评人、检举人、证人、监察人员进行打击、压制等报复陷害的，监察机关应当依法给予政务处分。构成犯罪的，依法追究刑事责任。	本条表述未发生变化。
第二百七十六条 控告人、检举人、证人采取捏造事实、伪造材料等方式诬告陷害的，监察机关应当依法给予	**第三百一十六条** 控告人、检举人、证人采取捏造事实、伪造材料等方式诬告陷害的，监察机关应当依法给予	本条表述未发生变化。

修订前	修订后	知识点提醒 (含简要修改说明)
政务处分，或者移送有关机关处理。构成犯罪的，依法追究刑事责任。 　　监察人员因依法履行职责遭受不实举报、诬告陷害、侮辱诽谤，致使名誉受到损害的，监察机关应当会同有关部门及时澄清事实，消除不良影响，并依法追究相关单位或者个人的责任。	政务处分，或者移送有关机关处理。构成犯罪的，依法追究刑事责任。 　　监察人员因依法履行职责遭受不实举报、诬告陷害、侮辱诽谤，致使名誉受到损害的，监察机关应当会同有关部门及时澄清事实，消除不良影响，并依法追究相关单位或者个人的责任。	
第二百七十七条　监察机关应当建立健全办案安全责任制。承办部门主要负责人和调查组组长是调查安全第一责任人。调查组应当指定专人担任安全员。 　　地方各级监察机关履行管理、监督职责不力发生严重办案安全事故的，或者办案中存在严重违规违纪违法行为的，省级监察机关主要负责人应当向国家监察委员会作出检讨，并予以通报、严肃追责问责。	**第三百一十七条**　监察机关应当建立健全办案安全责任制。承办部门主要负责人和调查组组长是调查安全第一责任人。调查组应当指定专人担任安全员。 　　地方各级监察机关履行管理、监督职责不力发生严重办案安全事故、**事件**的，或者办案中存在严重违规违纪违法行为的，省级监察机关主要负责人应当**按规定**向国家监察委员会作出检讨，并予以通报、严肃追责问责。	本条第二款中的"事件""按规定"系新增内容。

· 231 ·

修订前	修订后	知识点提醒（含简要修改说明）
案件监督管理部门应当对办案安全责任制落实情况组织经常性检查和不定期抽查，发现问题及时报告并督促整改。	案件监督管理部门应当对办案安全责任制落实情况组织经常性检查和不定期抽查，发现问题及时报告并督促整改。	
第二百七十八条 监察人员在履行职责中有下列行为之一的，依法严肃处理；构成犯罪的，依法追究刑事责任： （一）贪污贿赂、徇私舞弊的； （二）不履行或者不正确履行监督职责，应当发现的问题没有发现，或者发现问题不报告、不处置，造成严重影响的； （三）未经批准、授权处置问题线索，发现重大案情隐瞒不报，或者私自留存、处理涉案材料的；	**第三百一十八条** 监察人员在履行职责中有下列行为之一的，依法严肃处理；构成犯罪的，依法追究刑事责任： （一）贪污贿赂、徇私舞弊的； （二）不履行或者不正确履行监督职责，应当发现的问题没有发现，或者发现问题不报告、不处置，造成严重影响的； （三）未经批准、授权处置问题线索，发现重大案情隐瞒不报，或者私自留存、处理涉案材料的；	本条第六项中的"等"系新增内容。 第八项中的"事件"系新增内容。 第九项中的"强制到案、责令候查、管护、禁闭""或者法定期限届满，不予以解除或者变更的"系新增内容。 第十项中的"技术调查"系新增内容。 第十一项系新增内容。

修订前	修订后	知识点提醒 (含简要修改说明)
（四）利用职权或者职务上的影响干预调查工作的； （五）违法窃取、泄露调查工作信息，或者泄露举报事项、举报受理情况以及举报人信息的； （六）对被调查人或者涉案人员逼供、诱供，或者侮辱、打骂、虐待、体罚或者变相体罚的； （七）违反规定处置查封、扣押、冻结的财物的； （八）违反规定导致发生办案安全事故，或者发生安全事故后隐瞒不报、报告失实、处置不当的； （九）违反规定**采取留置措施的**； （十）违反规定**限制他人出境，或者不按规定解除出境限制的**； （十一）其他职务违法和职务犯罪行为。	（四）利用职权或者职务上的影响干预调查工作的； （五）违法窃取、泄露调查工作信息，或者泄露举报事项、举报受理情况以及举报人信息的； （六）对被调查人或者涉案人员**等**逼供、诱供，或者侮辱、打骂、虐待、体罚或者变相体罚的； （七）违反规定处置查封、扣押、冻结的财物的； （八）违反规定导致发生办案安全事故、**事件**，或者发生安全事故、**事件**后隐瞒不报、报告失实、处置不当的； （九）违反规定采取**强制到案、责令候查、管护、留置或者禁闭措施，或者法定期限届满，不予以解除或者变更的**； （十）违反规定采取**技术调查、限制**	

修订前	修订后	知识点提醒（含简要修改说明）
	出境措施，或者不按规定解除技术调查、限制出境措施的； （十一）利用职权非法干扰企业生产经营或者侵害企业经营者人身权利、财产权利和其他合法权益的； （十二）其他职务违法和职务犯罪行为。	
第二百七十九条 对监察人员在履行职责中存在违法行为的，可以根据情节轻重，依法进行谈话提醒、批评教育、责令检查、诫勉，或者给予政务处分。构成犯罪的，依法追究刑事责任。	**第三百一十九条** 对监察人员在履行职责中存在违法行为的，可以根据情节轻重，依法进行谈话提醒、批评教育、责令检查、诫勉，或者给予政务处分。构成犯罪的，依法追究刑事责任。	本条表述未发生变化。
第二百八十条 监察机关及其工作人员在行使职权时，有下列情形之一的，受害人可以申请国家赔偿： （一）采取留置措施后，决定撤销案件的；	**第三百二十条** 监察机关及其工作人员在行使职权时，具有下列情形之一的，受害人可以申请国家赔偿： （一）违法采取管护、禁闭措施，或者依照法定条件和程序采取管护、禁闭	本条第一款第一项系新增内容。

修订前	修订后	知识点提醒 (含简要修改说明)
（二）违法没收、追缴或者违法查封、扣押、冻结财物造成损害的； （三）违法行使职权，造成被调查人、涉案人员或者证人身体伤害或者死亡的； （四）**非法剥夺他人人身自由的**； （五）其他侵犯公民、法人和其他组织合法权益造成损害的。 受害人死亡的，其继承人和其他有扶养关系的亲属有权要求赔偿；受害的法人或者其他组织终止的，其权利承受人有权要求赔偿。	**措施，但是管护时间、禁闭时间超过法定时限，其后决定撤销案件的；** （二）采取留置措施后，决定撤销案件的； （三）违法没收、追缴或者违法查封、扣押、冻结财物造成损害的； （四）违法行使职权，造成被调查人、涉案人员或者证人身体伤害或者死亡的； （五）其他侵犯公民、法人和其他组织合法权益造成损害的。 受害人死亡的，其继承人和其他有扶养关系的亲属有权要求赔偿；受害的法人或者其他组织终止的，其权利承受人有权要求赔偿。	

修订前	修订后	知识点提醒 (含简要修改说明)
第二百八十一条 监察机关及其工作人员违法行使职权侵犯公民、法人和其他组织的合法权益造成损害的，该机关为赔偿义务机关。申请赔偿应当向赔偿义务机关提出，由该机关负责复审复核工作的部门受理。 　　赔偿以支付赔偿金为主要方式。能够返还财产或者恢复原状的，予以返还财产或者恢复原状。	**第三百二十一条** 监察机关及其工作人员违法行使职权侵犯公民、法人和其他组织的合法权益造成损害的，该机关为赔偿义务机关。申请赔偿应当向赔偿义务机关提出，由该机关负责复审复核工作的部门受理。 　　赔偿以支付赔偿金为主要方式。能够返还财产或者恢复原状的，予以返还财产或者恢复原状。	本条表述未发生变化。
第九章　附　则	**第九章　附　则**	
第二百八十二条 本条例所称监察机关，包括各级监察委员会及其派驻或者派出监察机构、监察专员。	**第三百二十二条** 本条例所称监察机关，包括各级监察委员会及其派驻或者派出监察机构、监察专员，**以及再派出的监察机构、监察专员**。	"以及再派出的监察机构、监察专员"系新增内容。
	第三百二十三条 本条例所称严重职务违法，是指根据监察机关已经掌握的事实及证据，被调查人涉嫌的职务违	本条第一款来源于2021年《条例》第九十二条第二款。

修订前	修订后	知识点提醒 （含简要修改说明）
	法行为情节严重，可能被给予撤职以上政务处分。 　　本条例所称重大职务犯罪、重大贪污贿赂等职务犯罪，是指具有下列情形之一的职务犯罪： 　　（一）案情重大、复杂，涉及国家利益、重大公共利益或者犯罪行为致使公共财产、国家和人民利益遭受特别重大损失的； 　　（二）被调查人可能被判处十年有期徒刑以上刑罚的； 　　（三）案件在全国或者本省、自治区、直辖市范围内有较大影响的。	本条第二款来源于2021年《条例》第一百五十三条第二款。
	第三百二十四条　本条例所称同种罪行和不同种罪行，应当以罪名区分，但属选择性罪名或者在法律、事实上密切关联的犯罪，应当认定为同种罪行。	本条规定来源于2021年《条例》第二百一十五条第二款。

修订前	修订后	知识点提醒 （含简要修改说明）
第二百八十三条 本条例所称"近亲属"，是指夫、妻、父、母、子、女、同胞兄弟姊妹。	**第三百二十五条** 本条例所称近亲属，是指夫、妻、父、母、子、女、同胞兄弟姊妹。	关于近亲属范围的规定与《刑事诉讼法》第一百零八条第六项关于近亲属范围的规定保持一致。
第二百八十四条 本条例所称以上、以下、以内，包括本级、本数。	**第三百二十六条** 本条例所称以上、以下、以内，包括本级、本数。	本条表述未发生变化。
第二百八十五条 期间以时、日、月、年计算，期间开始的时和日不算在期间以内。本条例另有规定的除外。 按照年、月计算期间的，到期月的对应日为期间的最后一日；没有对应日的，月末日为期间的最后一日。 期间的最后一日是**法定休假日**的，以**法定休假日**结束的次日为期间的最后一日。但被调查人留置期间应当至到期之日为止，不得因**法定休假日**而延长。	**第三百二十七条** 期间以时、日、月、年计算，期间开始的时和日不算在期间以内。本条例另有规定的除外。 按照年、月计算期间的，到期月的对应日为期间的最后一日；没有对应日的，月末日为期间的最后一日。 期间的最后一日是**节假日**的，以**节假日**结束的次日为期间的最后一日。但被调查人**被采取责令候查、管护、留置或者禁闭措施的**期间应当至期满之日为止，不得因**节假日**而延长。	本条第三款中的"责令候查、管护或者禁闭"系新增表述，用"期满"取代"到期"，用"节假日"表述取代此前的"法定休假日"表述。

修订前	修订后	知识点提醒 （含简要修改说明）
第二百八十六条　本条例由国家监察委员会负责解释。	第三百二十八条　本条例由国家监察委员会负责解释。	本条表述未发生变化。
第二百八十七条　本条例自发布之日起施行。	第三百二十九条　本条例自发布之日起施行。	本条表述未发生变化。

第二部分

《中华人民共和国监察法实施条例》中"负责人"相关规定的梳理

《条例》涉及监察机关负责人的规定	
条文摘录	知识点提醒
第二百零三条第一款 案件监督管理部门应当对问题线索实行集中管理、动态更新,定期汇总、核对问题线索及处置情况,向**监察机关主要负责人报告**,并向相关部门通报。	案件监督管理部门对问题线索管理情况向**监察机关主要负责人**报告。
第二百零六条第二款 函询应当以监察机关办公厅(室)名义发函给被反映人,并抄送其**所在单位和派驻监察机构主要负责人**。被函询人应当在收到函件后十五个工作日以内写出说明材料,由其所在单位主要负责人签署意见后发函回复。被函询人为所在单位**主要负责人**的,或者被函询人所作说明涉及所在单位**主要负责人**的,应当直接发函回复监察机关。	"函"要抄送被反映人所在单位和派驻监察机构主要负责人。

条文摘录	知识点提醒
第二百三十一条第二款 谈话提醒、批评教育应当由**监察机关**相关负责人或者承办部门负责人进行，可以由被谈话提醒、批评教育人所在单位有关负责人陪同；经批准也可以委托其所在单位主要负责人进行。对谈话提醒、批评教育情况应当制作记录。 **第四款** 诫勉由监察机关以谈话或者书面方式进行。采取谈话方式予以诫勉的，应当由监察机关相关负责人或者承办部门负责人进行；经批准也可以委托诫勉对象所在单位主要负责人进行。对谈话情况应当制作记录。	谈话提醒、批评教育应当由监察机关相关负责人或者承办部门负责人进行； 被谈话提醒、批评教育人所在单位有关负责人根据监察机关的委托，也可以进行谈话提醒、批评教育； 监察机关相关负责人或者承办部门负责人可以实施诫勉谈话； 诫勉对象所在单位主要负责人可以根据委托进行诫勉谈话。
第二百五十七条 监察机关对于人民检察院依法退回补充调查的案件，应当向**主要负责人**报告，并积极开展补充调查工作。	人民检察院退回补充调查的案件，向监察机关**主要负责人**报告。
第二百八十三条第一款 各级监察委员会应当按照监察法第六十条第二款规定，由**主要负责人**在本级人民代表大会常务委员会全体会议上报告专项工作。 **第二款** 在报告专项工作前，应当与本级人民代表大会有关专门委员会、常务委员会有关工作机构沟通协商，并配合开展专题调查研究等工作。各级人民代表大会常务委员会审议专项工作报告时，本级监察委员会应当根据要求派出**负责人**列席相关会议，听取意见。	**监察机关主要负责人**在本级人民代表大会常务委员会全体会议上报告专项工作； **监察机关负责人**列席本级人大常委会相关会议，听取意见。

条文摘录	知识点提醒
第二百八十五条 各级监察委员会在本级人民代表大会常务委员会会议审议与监察工作有关的议案和报告时,应当派**相关负责人**到会听取意见,回答询问。 本级人民代表大会常务委员会就与监察工作有关的重大问题,召开全体会议、联组会议或者分组会议进行专题询问的,**监察委员会负责人**应当到会,听取意见,回答询问。各级监察委员会应当及时向本级人民代表大会常务委员会提交专题询问中提出意见的研究处理情况报告。 监察机关对依法交由监察机关答复的质询案应当按照要求进行答复。口头答复的,由**监察机关主要负责人或者委派相关负责人到会答复**。书面答复的,由**监察机关主要负责人**签署。	监察机关**相关负责人**到本级人民代表大会常务委员会会议听取意见,回答询问; **监察委员会负责人**应当参加与监察工作有关的重大问题会议,听取意见,回答询问; **监察机关主要负责人或者委派相关负责人**到会答复质询。
第二百九十三条第一款 监察机关及其监督检查、调查部门**负责人**应当定期检查调查期间的录音录像、谈话笔录、讯问笔录、询问笔录、涉案财物登记资料,加强对调查全过程的监督,发现问题及时纠正并报告。	监察机关及其监督检查、调查部门**负责人**应当定期检查调查期间的录音录像、谈话笔录、讯问笔录、询问笔录、涉案财物登记资料。

条文摘录	知识点提醒
第二百九十六条第二款 监察机关主要负责人的回避，由上级监察机关主要负责人决定；其他监察人员的回避，由本级监察机关主要负责人决定。	监察机关主要负责人的回避，由上级监察机关主要负责人决定；其他监察人员的回避，由**本级监察机关主要负责人**决定。
第三百一十二条第三款 发生被强制到案人员、被管护人员、被留置人员或者被禁闭人员死亡、伤残、脱逃等办案安全事故、事件的，应当及时做好处置、处理工作。相关情况应当立即报告**监察机关主要负责人**，并在二十四小时以内逐级上报至国家监察委员会。	发生办案安全事故、事件的，应当立即报告**监察机关主要负责人**。
第三百一十七条第一款 监察机关应当建立健全办案安全责任制。**承办部门主要负责人和调查组组长是调查安全第一责任人**。调查组应当指定专人担任安全员。 **第二款** 地方各级监察机关履行管理、监督职责不力发生严重办案安全事故、事件的，或者办案中存在严重违规违纪违法行为的，**省级监察机关主要负责人**应当按规定向国家监察委员会作出检讨，并予以通报、严肃追责问责。	**承办部门主要负责人和调查组组长是调查安全第一责任人**； 地方各级监察机关严重办案安全事故、事件的，或者办案中存在严重违规违纪违法行为的，**省级监察机关主要负责人**应当按规定向国家监察委员会作出检讨，并予以通报、严肃追责问责。

涉及监察对象所在单位主要负责人的规定梳理	
条文摘录	知识点提醒
第七十九条第一款 采取谈话方式处置问题线索的,经审批可以由监察人员或者委托被谈话人所在单位主要负责人等进行谈话。	经审批,被谈话人所在单位主要负责人根据监察机关的委托对监察对象进行谈话。
第二百一十四条第一款 批准立案后,应当由二名以上调查人员出示证件,向被调查人宣布立案决定。宣布立案决定后,应当及时向被调查人所在单位等相关组织送达《立案通知书》,并向**被调查人所在单位主要负责人**通报。	立案决定向被调查人所在单位主要负责人通报。
有关监察人员的上级负责人	
条文摘录	知识点提醒
第二百九十四条 对监察人员打听案情、过问案件、说情干预的,办理监察事项的监察人员应当及时向**上级负责人**报告。有关情况应当登记备案。 发现办理监察事项的监察人员未经批准接触被调查人、涉案人员及其特定关系人,或者存在交往情形的,知情的监察人员应当及时向**上级负责人**报告。有关情况应当登记备案。	对监察人员打听案情、过问案件、说情干预的,办理监察事项的监察人员应当及时向其**上级负责人**报告。 知情的监察人员应当及时向发现办理监察事项的监察人员未经批准接触被调查人、涉案人员及其特定关系人,或者存在交往情形的,知情的监察人员应当及时向其**上级负责人**报告。

第三部分

《中华人民共和国监察法实施条例》中"审批"相关规定的梳理

序号	条文摘录
1	第五十七条　监察机关应当加强监督执法调查工作规范化建设，严格按规定对监察措施进行**审批和监管**，依照法定的范围、程序和期限采取相关措施，出具、送达法律文书。
2	第七十九条第一款　采取谈话方式处置问题线索的，**经审批**可以由监察人员或者委托被谈话人所在单位主要负责人等进行谈话。
3	第九十九条第一款　监察机关调查严重职务违法或者职务犯罪，对于经通知无正当理由不到案的被调查人，**经依法审批**，可以强制其到监察机关谈话场所或者留置场所接受调查。
4	第一百零三条　监察机关调查严重职务违法或者职务犯罪，对于符合监察法第二十三条第一款规定的，**经依法审批**，可以对被调查人采取责令候查措施。
5	第一百一十三条　监察机关对于符合监察法第二十五条第一款规定的未被留置人员，**经依法审批**，可以对其采取管护措施。
6	第一百一十八条第一款　管护时间不得超过七日，自向被管护人员宣布之日起算。因案情复杂、疑难，在七日以内无法作出留置或者解除管护决定的，**经审批**可以延长一日至三日。

· 245 ·

序号	条文摘录
7	**第一百二十一条第一款** 监察机关调查严重职务违法或者职务犯罪,对于符合监察法第二十四条第一款规定的,**经依法审批**,可以对被调查人采取留置措施。
8	**第一百二十九条第一款** 留置时间不得超过三个月,自向被留置人员宣布之日起算。具有下列情形之一的,**经审批**可以延长一次,延长时间不得超过三个月: (一) 案情重大,严重危害国家利益或者公共利益的; (二) 案情复杂,涉案人员多、金额巨大、涉及范围广的; (三) 重要证据尚未收集完成,或者重要涉案人员尚未到案,导致违法犯罪的主要事实仍须继续调查的; (四) 其他需要延长留置时间的情形。 **第二款** 省级以下监察机关采取留置措施的,延长留置时间应当**报请上一级监察机关批准**。
9	**第一百三十条第一款** 对涉嫌职务犯罪的被调查人可能判处十年有期徒刑以上刑罚,监察机关按照本条例第一百二十九条规定延长期限届满,仍不能调查终结的,**经审批**可以再延长,再延长时间不得超过二个月。 **第二款** 省级以下监察机关需要再延长留置时间的,应当**逐级报送国家监察委员会批准**。
10	**第一百三十二条第一款** 省级以上监察机关在调查期间,发现涉嫌职务犯罪的被调查人另有与留置时的罪行不同种的重大职务犯罪或者同种的影响罪名认定、量刑档次的重大职务犯罪,**经审批**可以依照监察法第四十八条第三款的规定重新计算留置时间。留置时间重新计算以一次为限。

序号	条文摘录
	第二款 依照前款规定重新计算留置时间的，国家监察委员会调查部门应当自发现之日起五日以内履行报批程序，省级监察机关应当自发现之日起五日以内**报请国家监察委员会批准**。
11	第一百四十一条第二款 对于被冻结的股票、债券、基金份额等财产，权利人或者其法定代理人、委托代理人申请出售，不损害国家利益、被害人利益，不影响调查正常进行的，**经审批**可以在案件办结前由相关机构依法出售或者变现。对于被冻结的汇票、本票、支票即将到期的，**经审批**可以在案件办结前由相关机构依法出售或者变现。出售上述财产的，应当出具《许可出售冻结财产通知书》。
12	第一百四十二条 对于冻结的财产，应当及时核查。经查明与案件无关的，**经审批**，应当在查明后三日以内将《解除冻结财产通知书》送交有关单位执行。解除情况应当告知被冻结财产的权利人或者其法定代理人、委托代理人。
13	第一百五十四条 调取的物证、书证、视听资料等原件，经查明与案件无关的，**经审批**，应当在查明后三日以内退还，并办理交接手续。
14	第一百五十八条第三项 查封、扣押下列物品，应当依法进行相应的处理： 查封、扣押易损毁、灭失、变质等不宜长期保存的物品以及有消费期限的卡、券，应当在笔录中记明，以拍照、录像等方法加以保全后进行封存，或者**经审批**委托有关机构变卖、拍卖。变卖、拍卖的价款存入专用账户保管，待调查终结后一并处理。

序号	条文摘录
15	第一百六十一条　对于已移交涉案财物保管部门保管的涉案财物，根据调查工作需要，**经审批**可以临时调用，并应当确保完好。调用结束后，应当及时归还。调用和归还时，调查人员、保管人员应当当面清点查验。保管部门应当对调用和归还情况进行登记，全程录像并上传涉案财物信息管理系统。
16	第一百六十四条　对查封、扣押的财物和文件，应当及时进行核查。经查明与案件无关的，**经审批**，应当在查明后三日以内解除查封、扣押，予以退还。解除查封、扣押的，应当向有关单位、原持有人或者近亲属送达《解除查封/扣押通知书》，附《解除查封/扣押财物、文件清单》，要求其签名或者盖章。
17	第一百六十五条第一款　在立案调查之前，对监察对象及相关人员主动上交的涉案财物，**经审批**可以接收。
18	第一百七十条第一款　为查明案情，在必要的时候，**经审批**可以依法进行调查实验。调查实验，可以聘请有关专业人员参加，也可以要求被调查人、被害人、证人参加。
19	第一百八十七条第三款　对采取技术调查措施获取的与案件无关的材料，应当**经审批**及时销毁。对销毁情况应当制作记录，由调查人员签名。 第一百九十一条　监察机关对于被通缉人员已经归案、死亡，或者依法撤销留置决定以及发现有其他不需要继续采取通缉措施情形的，应当**经审批**出具《撤销通缉通知书》，送交协助采取原措施的公安机关执行。需要撤销网上追逃措施的，监察机关应当出具《撤销网上追逃通知书》，送交协助采取原措施的公安机关执行。

序号	条文摘录
20	**第一百九十七条** 县级以上监察机关在重要紧急情况下，**经审批**可以依法直接向口岸所在地口岸移民管理机构提请办理临时限制出境措施，期限不超过七日，不能延期。
21	**第二百零二条第三款** 监督检查部门、调查部门在工作中发现的相关问题线索，属于本部门受理范围的，应当报送案件监督管理部门备案；属于本机关其他部门受理范围的，**经审批**后移交案件监督管理部门分办。
22	**第二百零四条** 监督检查部门应当结合问题线索所涉及地区、部门、单位总体情况进行综合分析，提出处置意见并制定处置方案，**经审批**按照适当了解、谈话、函询、初步核实、暂存待查、予以了结等方式进行处置，或者按照职责移送调查部门处置。 **第二百零六条第四款** 监察机关根据工作需要，经审批可以对谈话、函询情况进行抽查核实。
23	**第二百零七条第二款** 在初步核实中应当注重收集客观性证据，确保真实性和准确性。在初步核实中发现或者受理被核查人新的具有可查性的问题线索的，应当**经审批**纳入原初核方案开展核查。
24	**第二百一十一条第一款** 监察机关立案调查职务违法或者职务犯罪案件，需要对涉嫌行贿犯罪、介绍贿赂犯罪或者共同职务犯罪的涉案人员立案调查的，应当一并办理立案手续。需要交由下级监察机关立案的，**经审批**交由下级监察机关办理立案手续。
25	**第二百二十条第一款** 经调查认为被调查人构成职务违法或者职务犯罪的，应当区分不同情况提出相应处理意见，**经审批**将调查报告、职务违法或者职务犯罪事实材料、涉案财物报告、涉案人员处理意见等材料，连同全部证据和文书手续移送审理。

序号	条文摘录
26	**第二百二十一条第二款** 经审核符合移送条件的,应当予以受理;不符合移送条件的,**经审批**可以暂缓受理或者不予受理,并要求承办部门补充完善材料。 **第二百二十五条第一款** 案件审理部门根据案件审理情况,**经审批**可以与被调查人谈话,告知其在审理阶段的权利义务,核对涉嫌违法犯罪事实,听取其辩解意见,了解有关情况。与被调查人谈话应当在具备安全保障条件的场所进行,被调查人为在押的犯罪嫌疑人、被告人或者在看守所、监狱服刑人员的,按照本条例第八十三条规定办理。谈话时,案件审理人员不得少于二人。
27	**第二百二十六条第一款** 经审理认为主要违法犯罪事实不清、证据不足的,应当**经审批**将案件退回承办部门重新调查。 **第二款** 具有下列情形之一,需要补充完善证据的,**经审批**可以退回补充调查: (一)部分事实不清、证据不足的; (二)遗漏违法犯罪事实的; (三)其他需要进一步查清案件事实的情形。 **第四款** 承办部门补充调查结束后,应当**经审批**将补证情况报告及相关证据材料,连同案卷材料一并移送案件审理部门;对确实无法查明的事项或者无法补充的证据,应当作出书面说明。重新调查终结后,应当重新形成调查报告,依法移送审理。 **第二百三十五条第一款** 监察机关依法向监察对象所在单位提出监察建议的,应当**经审批**制作监察建议书。

序号	条文摘录
28	**第二百三十八条第一款** 对于涉嫌行贿等犯罪的非监察对象，案件调查终结后依法移送起诉。综合考虑行为性质、手段、后果、时间节点、认罪悔罪态度等具体情况，对于情节较轻，**经审批**不予移送起诉的，应当采取批评教育、责令具结悔过等方式处置；应当给予行政处罚的，依法移送有关行政执法部门。
29	**第二百四十二条第一款** 复审、复核机关承办部门应当成立工作组，调阅原案卷宗，必要时可以进行调查取证。承办部门应当集体研究，提出办理意见，**经审批**作出复审、复核决定。决定应当送达申请人，抄送相关单位，并在一定范围内宣布。
30	**第二百四十四条第二款** 上级监察机关相关监督检查部门负责审查工作，重点审核拟认定的从宽处罚情形、提出的从宽处罚建议，**经审批**在十五个工作日以内作出批复。
31	**第二百五十四条第一款** 监察机关对已经移送起诉的职务犯罪案件，发现遗漏被调查人罪行需要补充移送起诉的，应当**经审批**出具《补充起诉意见书》，连同相关案卷材料、证据等一并移送同级人民检察院。
32	**第二百五十八条** 对人民检察院退回补充调查的案件，**经审批**分别作出下列处理： （一）认定犯罪事实的证据不够充分的，应当在补充证据后，制作补充调查报告书，连同相关材料一并移送人民检察院审查，对无法补充完善的证据，应当作出书面情况说明并加盖监察机关或者承办部门公章； （二）在补充调查中发现新的同案犯或者增加、变更犯罪事实，需要追究刑事责任的，应当重新提出处理意见，移送人民检察院审查；

· 251 ·

序号	条文摘录
	（三）犯罪事实的认定出现重大变化，认为不应当追究被调查人刑事责任的，应当在补充调查期限内重新提出处理意见，将处理结果书面通知人民检察院并说明理由； （四）认为移送起诉的犯罪事实清楚，证据确实、充分的，应当说明理由，移送人民检察院依法审查。 **第二百六十七条第二款** 国家监察委员会派驻或者派出的监察机构、监察专员和地方各级监察机关办理涉外案件中有关执法司法国际合作事项，应当逐级报送国家监察委员会审批。由国家监察委员会依法直接或者协调有关单位与有关国家（地区）相关机构沟通，以双方认可的方式实施。
33	**第三百零四条** 监察机关根据已经掌握的事实及证据，发现涉嫌严重职务违法或者职务犯罪的监察人员可能实施下列行为之一的，**经依法审批**，可以在具备安全保障条件的场所对其采取禁闭措施： （一）继续实施违法犯罪行为的； （二）为被调查人或者涉案人员通风报信等泄露监察工作秘密的； （三）威胁、恐吓、蓄意报复举报人、控告人、被害人、证人、鉴定人等相关人员的； （四）其他可能造成更为严重的后果或者恶劣影响的行为。
34	**第三百零九条** 监察机关案件监督管理部门受理申诉后，应当组织成立核查组，对申诉反映的问题进行核实。根据工作需要，核查组可以调阅相关措施文书等材料，听取申诉人意见和承办部门工作人员的情况说明。案件监督管理部门应当集体研究，提出办理意见，**经审批**作出决定。

第四部分

《中华人民共和国监察法实施条例》中监察措施"期限"相关规定的梳理

监察措施	适用情形	期限	法规依据
强制到案	一般情况	12小时	第一百条第三款 一次强制到案持续的时间不得超过十二小时;依法需要采取管护或者留置措施的,按规定报批后,强制到案持续的时间不得超过二十四小时。两次强制到案间隔的时间不得少于二十四小时,不得以连续强制到案的方式变相拘禁被调查人。两次强制到案的间隔时间从第一次强制到案结束时起算。
	需要采取管护或者留置措施的	24小时	
责令候查	最长时限	12个月	第一百零四条第三款 责令候查最长不得超过十二个月,自向被责令候查人员宣布之日起算。
	通知被责令候查人员所在单位和家属	24小时,无法通知的除外	第一百零五条 除无法通知的以外,监察机关应当在采取责令候查措施后二十四小时以内,通知被责令候查人员所在单位和家属……

监察措施	适用情形	期限	法规依据
责令候查	监察机关收到被责令候查人员需要离开所居住的市、县的书面申请,作出决定	3日	**第一百零八条第一款** 被责令候查人员需要离开所居住的市、县的,应当向监察机关提出书面申请,并注明事由、目的地、路线、交通方式、往返日期、联系方式等。监察机关应当自收到书面申请之日起三日以内作出决定。被责令候查人员有紧急事由,无法及时提出书面申请的,可以先行通过电话等方式提出申请,并及时补办书面申请手续。
监察调查措施种类变更申请	符合责令候查条件的	3日	**第一百一十条** 被管护人员、被留置人员、被禁闭人员及其近亲属向监察机关申请变更为责令候查措施的,应当以书面方式提出。监察机关收到申请后,应当在三日以内作出决定。经审查,符合责令候查条件的,可以将管护、留置或者禁闭措施依法变更为责令候查措施;不符合责令候查条件的,应当告知申请人,并说明不同意的理由。
管护	采取管护措施后将被管护人员送留置场所	24小时	**第一百一十五条** 采取管护措施后,应当立即将被管护人员送留置场所,至迟不得超过二十四小时。

监察措施	适用情形	期限	法规依据
管护	通知被管护人员所在单位和家属	24小时,有碍调查的除外	**第一百一十六条** 采取管护措施后,应当在二十四小时以内通知被管护人员所在单位和家属。当面通知的,由有关人员在《管护通知书》上签名。无法当面通知的,可以先以电话等方式通知,并通过邮寄、转交等方式送达《管护通知书》,要求有关人员在《管护通知书》上签名。有关人员拒绝签名的,调查人员应当在文书上记明。 因可能伪造、隐匿、毁灭证据,干扰证人作证或者串供等有碍调查情形而不宜通知的,应当按规定报批,记录在案。有碍调查的情形消失后,应当立即通知被管护人员所在单位和家属。
	采取管护措施后,对被管护人员进行谈话、讯问	24小时	**第一百一十七条** 监察机关采取管护措施后,应当在二十四小时以内对被管护人员进行谈话、讯问。
	管护时间	7+3日	**第一百一十八条第一款** 管护时间不得超过七日,自向被管护人员宣布之日起算。因案情复杂、疑难,在七日以内无法作出留置或者解除管护决定的,经审批可以延长一日至三日。

监察措施	适用情形	期限	法规依据
留置	采取留置措施后通知被留置人员所在单位和家属	24小时,有碍调查的除外	**第一百二十七条** 采取留置措施后,应当在二十四小时以内通知被留置人员所在单位和家属。当面通知的,由有关人员在《留置通知书》上签名。无法当面通知的,可以先以电话等方式通知,并通过邮寄、转交等方式送达《留置通知书》,要求有关人员在《留置通知书》上签名。有关人员拒绝签名的,调查人员应当在文书上记明。 因可能伪造、隐匿、毁灭证据,干扰证人作证或者串供等有碍调查情形而不宜通知的,应当按规定报批,记录在案。有碍调查的情形消失后,应当立即通知被留置人员所在单位和家属。
	采取留置措施后,对涉嫌职务犯罪的被调查人进行讯问	24小时	**第一百二十八条** 监察机关采取留置措施后,应当在二十四小时以内对涉嫌职务违法的被调查人进行谈话,对涉嫌职务犯罪的被调查人进行讯问。
	留置时间	3+3个月	**第一百二十九条第一款** 留置时间不得超过三个月,自向被留置人员宣布之日起算。具有下列情形之一的,经审批可以延长一次,延长时间不得超过三个月: (一)案情重大,严重危害国家利益或者公共利益的;

监察措施	适用情形	期限	法规依据
留置			（二）案情复杂，涉案人员多、金额巨大，涉及范围广的； （三）重要证据尚未收集完成，或者重要涉案人员尚未到案，导致违法犯罪的主要事实仍须继续调查的； （四）其他需要延长留置时间的情形。
	对涉嫌职务犯罪的被调查人可能判处十年有期徒刑以上刑罚，再延长留置时间	3+3+2个月	**第一百三十条** 对涉嫌职务犯罪的被调查人可能判处十年有期徒刑以上刑罚，监察机关按照本条例第一百二十九条规定延长期限届满，仍不能调查终结的，经审批可以再延长，再延长时间不得超过二个月。 省级以下监察机关需要再延长留置时间的，应当逐级报送国家监察委员会批准。 再延长留置时间的，应当在留置期满前向被留置人员宣布再延长留置时间的决定，要求其在《再延长留置时间决定书》上签名、捺指印。被留置人员拒绝签名、捺指印的，调查人员应当在文书上记明。 再延长留置时间的，应当及时通知被留置人员所在单位和家属。

· 257 ·

监察措施	适用情形	期限	法规依据
留置	重新计算留置时间的批准	5日	**第一百三十二条** 省级以上监察机关在调查期间，发现涉嫌职务犯罪的被调查人另有与留置时的罪行不同种的重大职务犯罪或者同种的影响罪名认定、量刑档次的重大职务犯罪，经审批可以依照监察法第四十八条第三款的规定重新计算留置时间。留置时间重新计算以一次为限。 依照前款规定重新计算留置时间的，国家监察委员会调查部门应当自发现之日起五日以内履行报批程序，省级监察机关应当自发现之日起五日以内报请国家监察委员会批准。 重新计算留置时间的，应当自作出决定之日起五日以内向被留置人员宣布，要求其在《重新计算留置时间决定书》上签名、捺指印，并及时通知被留置人员所在单位和家属。被留置人员拒绝签名、捺指印的，调查人员应当在文书上记明。
	重新计算留置时间的，留置时间	3个月	**第一百三十三条** 重新计算留置时间的，留置时间不得超过三个月。新发现的罪行具有本条例第一百二十九条、第一百三十条规定情形的，可以依法延长和再延长留置时间。但是，此前已经根据本条例第一百三十条规定再延长留置时间的，不得再次适用该规定再延长留置时间。

监察措施	适用情形	期限	法规依据
冻结	冻结财产（含续冻）的期限	6个月	**第一百三十九条** 冻结财产的期限不得超过六个月。冻结期限到期未办理续冻手续的，冻结自动解除。 有特殊原因需要延长冻结期限的，应当在到期前按原程序报批，办理续冻手续。每次续冻期限不得超过六个月。
查封、扣押	涉案款项存入监察机关指定的专用账户；涉案物品，移交涉案财物保管部门保管	15日/30日	**第一百六十条** 查封、扣押涉案财物，应当按规定将涉案财物详细信息、《查封/扣押财物、文件清单》录入并上传监察机关涉案财物信息管理系统。 对于涉案款项，应当在采取措施后十五日以内存入监察机关指定的专用账户。对于涉案物品，应当在采取措施后三十日以内移交涉案财物保管部门保管。因特殊原因不能按时存入专用账户或者移交保管的，应当按规定报批，将保管情况录入涉案财物信息管理系统，在原因消除后及时存入或者移交。
解除查封、扣押	解除查封、扣押与案件无关的财物和文件以及退还	3日	**第一百六十四条** 对查封、扣押的财物和文件，应当及时进行核查。经查明与案件无关的，经审批，应当在查明后三日以内解除查封、扣押，予以退还。解除查封、扣押的，应当向有关单位、原持有人或者近亲属送达《解除查封/扣押通知书》，附《解除查封/扣押财物、文件清单》，要求其签名或者盖章。

监察措施	适用情形	期限	法规依据
限制出境	限制出境措施有效期	3个月	**第一百九十四条** 限制出境措施有效期不超过三个月，到期自动解除。 到期后仍有必要继续采取边控措施的，应当按原程序报批。承办部门应当出具有关函件，在到期前与《延长限制出境措施期限决定书》一并送交移民管理机构执行。延长期限每次不得超过三个月。 到期后仍有必要继续采取法定不批准出境措施的，应当在报备期满三日前按规定再次办理法定不批准出境人员报备手续。
	县级以上监察机关在重要紧急情况下，提请办理临时限制出境措施	7日	**第一百九十七条** 县级以上监察机关在重要紧急情况下，经审批可以依法直接向口岸所在地口岸移民管理机构提请办理临时限制出境措施，期限不超过七日，不能延期。
禁闭	禁闭的期限	7日	**第三百零五条** 采取禁闭措施时，调查人员不得少于二人，应当向被禁闭人员宣布《禁闭决定书》，告知被禁闭人员权利义务，要求其在《禁闭决定书》上签名、捺指印。被禁闭人员拒绝签名、捺指印的，调查人员应当在文书上记明。

监察措施	适用情形	期限	法规依据
禁闭			禁闭的期限不得超过七日，自向被禁闭人员宣布之日起算。
	通知被禁闭人员所在单位和家属	24小时（有碍调查的除外）	**第三百零六条** 采取禁闭措施后，应当在二十四小时以内通知被禁闭人员所在单位和家属。当面通知的，由有关人员在《禁闭通知书》上签名。无法当面通知的，可以先以电话等方式通知，并通过邮寄、转交等方式送达《禁闭通知书》，要求有关人员在《禁闭通知书》上签名。有关人员拒绝签名的，调查人员应当在文书上记明。 因可能伪造、隐匿、毁灭证据，干扰证人作证或者串供等有碍调查情形而不宜通知的，应当按规定报批，记录在案。有碍调查的情形消失后，应当立即通知被禁闭人员所在单位和家属。
备注	调取的物证、书证、视听资料等原件与案件无关的退还	3日	**第一百五十四条** 调取的物证、书证、视听资料等原件，经查明与案件无关的，经审批，应当在查明后三日以内退还，并办理交接手续。

监察措施	适用情形	期限	法规依据
备注	监察机关与公安机关对接抓获被通缉人员	24小时（边远或者交通不便地区3天）	**第一百九十条第一款** 监察机关接到公安机关抓获被通缉人员的通知后，应当立即核实被抓获人员身份，并在接到通知后二十四小时以内派员办理交接手续。边远或者交通不便地区，至迟不得超过三日。
	口岸移民管理机构查获被决定采取留置措施的边控对象；监察机关到达口岸办理移交手续	24小时（无法及时到达的除外）	**第一百九十五条** 监察机关接到口岸移民管理机构查获被决定采取留置措施的边控对象的通知后，应当于二十四小时以内到达口岸办理移交手续。无法及时到达的，应当委托当地监察机关及时前往口岸办理移交手续。当地监察机关应当予以协助。

第五部分

监察调查程序时限要求一览表

监察程序	条文摘录（时限要求请见黑体字）
问题线索受理、转交	《条例》第一百九十九条　监察机关对于报案或者举报应当依法接受。属于本级监察机关管辖的，依法予以受理；属于其他监察机关管辖的，**应当在五个工作日以内予以转送**。 监察机关可以向下级监察机关发函交办检举控告，并进行督办，下级监察机关应当按期回复办理结果。 《条例》第二百零九条第二款　信访举报部门对属于本机关受理的实名检举控告，应当**在收到检举控告之日起十五个工作日以内**按规定告知实名检举控告人受理情况，并做好记录。
问题线索处置：谈话、函询	《条例》第二百零六条第二款　函询应当以监察机关办公厅（室）名义发函给被反映人，并抄送其所在单位和派驻监察机构主要负责人。被函询人应当**在收到函件后十五个工作日以内**写出说明材料，由其所在单位主要负责人签署意见后发函回复。被函询人为所在单位主要负责人的，或者被函询人所作说明涉及所在单位主要负责人的，应当直接发函回复监察机关。

监察程序	条文摘录（时限要求请见黑体字）
问题线索处置	《中国共产党纪律检查机关监督执纪工作规则》第三十条第一款　承办部门应当**在谈话结束或者收到函询回复后1个月内**写出情况报告和处置意见，按程序报批……
办理时限	《纪检监察机关处理检举控告工作规则》第二十一条　下级纪检监察机关接到交办的检举控告后，一般应当**在3个月内**办结，并报送核查处理情况；经本机关主要负责人批准，**可以延长3个月**，并向上级纪检监察机关报告。特殊情况需要再次延长办理期限的，应当报上级纪检监察机关批准。 《条例》第二百一十五条第二款　调查职务违法或者职务犯罪案件，对被调查人没有采取留置措施的，应当**在立案后一年以内**作出处理决定；对被调查人解除留置措施的，应当**在解除留置措施后一年以内**作出处理决定。案情重大、复杂的案件，经上一级监察机关批准，可以适当延长，但延长期限**不得超过六个月**。 《条例》第二百一十五条第三款　被调查人在监察机关立案调查以后逃匿的，调查期限**自被调查人到案之日起**重新计算。
向检举控告人反馈处理结果	《纪检监察机关处理检举控告工作规则》第二十七条　承办的监督检查、审查调查部门应当将实名检举控告的处理结果**在办结之日起15个工作日内**向检举控告人反馈，并记录反馈情况。检举控告人提出异议的，承办部门应当如实记录，并予以说明；提供新的证据材料的，承办部门应当核查处理。 《条例》第二百零九条第三款　调查人员应当将实名检举控告的处理结果**在办结之日起十五个工作日以内**向检举控告人反馈，并记录反馈情况。对检举控告人提出异议的应当如实记录，并向其进行说明；对提供新证据材料的，应当依法核查处理。

监察程序	条文摘录（时限要求请见黑体字）
撤销案件	《条例》第二百三十七条第一款　监察机关经调查，对没有证据证明或者现有证据不足以证明被调查人存在违法犯罪行为的，应当依法撤销案件。省级以下监察机关撤销案件后，应当**在七个工作日以内**向上一级监察机关报送备案报告。上一级监察机关监督检查部门负责备案工作。 《条例》第二百三十七条第二款　省级以下监察机关拟撤销上级监察机关指定管辖或者交办案件的，应当将《撤销案件意见书》连同案卷材料，**在法定调查期限到期七个工作日前**报指定管辖或者交办案件的监察机关审查。对于重大、复杂案件，**在法定调查期限到期十个工作日前**报指定管辖或者交办案件的监察机关审查。
审理	《条例》第二百二十四条　审理工作应当**在受理之日起一个月以内**完成，重大、复杂案件经批准可以适当延长。
政务处分决定的送达、宣布	《条例》第二百三十三条　监察机关应当将政务处分决定书**在作出后一个月以内**送达被处分人和被处分人所在机关、单位，并依法履行宣布、书面告知程序。 政务处分决定自作出之日起生效。有关机关、单位、组织应当依法及时执行处分决定，并将执行情况向监察机关报告。处分决定应当**在作出之日起一个月以内**执行完毕，特殊情况下经监察机关批准可以适当延长办理期限，**最迟不得超过六个月**。
追缴或者责令退赔	《条例》第二百四十条第四款　追缴或者责令退赔应当**自处置决定作出之日起一个月以内**执行完毕。因被调查人的原因逾期执行的除外。

监察程序	条文摘录（时限要求请见黑体字）
复议复查、复审复核	《条例》第二百四十一条第一款　监察对象对监察机关作出的涉及本人的处理决定不服的，可以**在收到处理决定之日起一个月以内**，向作出决定的监察机关申请复审。复审机关应当依法受理，并**在受理后一个月以内**作出复审决定。监察对象对复审决定仍不服的，可以**在收到复审决定之日起一个月以内**，向上一级监察机关申请复核。复核机关应当依法受理，并**在受理后二个月以内**作出复核决定。

附录

中华人民共和国监察法

(2018年3月20日第十三届全国人民代表大会第一次会议通过 根据2024年12月25日第十四届全国人民代表大会常务委员会第十三次会议《关于修改〈中华人民共和国监察法〉的决定》修正)

目 录

第一章 总 则
第二章 监察机关及其职责
第三章 监察范围和管辖
第四章 监察权限
第五章 监察程序
第六章 反腐败国际合作
第七章 对监察机关和监察人员的监督
第八章 法律责任
第九章 附 则

第一章 总 则

第一条 为了深入开展廉政建设和反腐败工作,加强对所有行使公权力的公职人员的监督,实现国家监察全面覆盖，持续深化国家监察体制改革，推进国家治理体系和治理能力现代化，根据宪法，制定本法。

第二条 坚持中国共产党对国家监察工作的领导，以马克思列宁主义、毛泽东思想、邓小平理论、"三个代表"重要思想、科学发展观、习近平新时代中国特色社会主义思想为指导，构建集中统一、权威高效的中国特色国家监察体制。

第三条 各级监察委员会是行使国家监察职能的专责机关，依照本法对所有行使公权力的公职人员（以下称公职人员）进行监察，调查职务违法和职务犯罪，开展廉政建设和反腐败工作，维护宪法和法律的尊严。

第四条 监察委员会依照法律规定独立行使监察权，不受行政机关、社会团体和个人的干涉。

监察机关办理职务违法和职务犯罪案件，应当与审判机关、检察机关、执法部门互相配合，互相制约。

监察机关在工作中需要协助的，有关机关和单位应当根据监察机关的要求依法予以协助。

第五条 国家监察工作严格遵照宪法和法律，以事实为根据，以法律为准绳；权责对等，严格监督；遵守法定程序，公正履行职责；尊重和保障人权，在适用法律上一律平等，保障监察对象及相关人员的合法权益；惩戒与教育相结合，宽严相济。

第六条 国家监察工作坚持标本兼治、综合治理，强化监督问责，严厉惩治腐败；深化改革、健全法治，有效制约和监督权力；加强法治教育和道德教育，弘扬中华优秀传统文化，构建不敢腐、不能腐、不想腐的长效机制。

第二章 监察机关及其职责

第七条 中华人民共和国国家监察委员会是最高监察机关。

省、自治区、直辖市、自治州、县、自治县、市、市辖区设立监察委员会。

第八条 国家监察委员会由全国人民代表大会产生，负责全国监察工作。

国家监察委员会由主任、副主任若干人、委员若干人组成，主任由全国人民代表大会选举，副主任、委员由国家监察委员会主任提请全国人民代表大会常务委员会任免。

国家监察委员会主任每届任期同全国人民代表大会每届任期相同，连续任职不得超过两届。

国家监察委员会对全国人民代表大会及其常务委员会负责，并接受其监督。

第九条 地方各级监察委员会由本级人民代表大会产生，负责本行政区域内的监察工作。

地方各级监察委员会由主任、副主任若干人、委员若干人组成，主任由本级人民代表大会选举，副主任、委员由监察委员会主任提请本级人民代表大会常务委员会任免。

地方各级监察委员会主任每届任期同本级人民代表大会每届任期相同。

地方各级监察委员会对本级人民代表大会及其常务委员会和上一级监察委员会负责，并接受其监督。

第十条 国家监察委员会领导地方各级监察委员会的工作，上级监察委员会领导下级监察委员会的工作。

第十一条 监察委员会依照本法和有关法律规定履行监督、调查、处置职责：

（一）对公职人员开展廉政教育，对其依法履职、秉公用权、廉洁从政从业以及道德操守情况进行监督检查；

（二）对涉嫌贪污贿赂、滥用职权、玩忽职守、权力寻租、利益输送、徇私舞弊以及浪费国家资财等职务违法和职务犯罪进行调查；

（三）对违法的公职人员依法作出政务处分决定；对履行职责不力、失职失责的领导人员进行问责；对涉嫌职务犯罪的，将调查结果移送人民检察院依法审查、提起公诉；向监察对象所在单位提出监察建议。

第十二条 各级监察委员会可以向本级中国共产党机关、国家机关、中国人民政治协商会议委员会机关、法律法规授权或者委托管理公共事务的组织和单位以及辖区内特定区域、国有企业、事业单位等派驻或者派出监察机构、监察专员。

经国家监察委员会批准，国家监察委员会派驻本级实行垂直管理或者双重领导并以上级单位领导为主的单位、国有企业的监察机构、监察专员，可以向驻在单位的下一级单位再派出。

经国家监察委员会批准，国家监察委员会派驻监察机构、监察专员，可以向驻在单位管理领导班子的普通高等学校再派出；国家监察委员会派驻国务院国有资产监督管理机构的监察机构，可以向驻在单位管理领导班子的国有企业再派出。

监察机构、监察专员对派驻或者派出它的监察委员会或者监察机构、监察专员负责。

第十三条 派驻或者派出的监察机构、监察专员根据授权，按照管理权限依法对公职人员进行监督，提出监察建议，依法对公职人员进行调查、处置。

第十四条 国家实行监察官制度，依法确定监察官的等级设置、任免、考评和晋升等制度。

第三章 监察范围和管辖

第十五条 监察机关对下列公职人员和有关人员进行监察：

（一）中国共产党机关、人民代表大会及其常务委员会机关、人民政府、监察委员会、人民法院、人民检察院、中国人民政治协商会议各级委员会机关、民主党派机关和工商业联合会机关的公务员，以及参照《中华人民共和国公务员法》管理的人员；

（二）法律、法规授权或者受国家机关依法委托管理公共事务的组织中从事公务的人员；

（三）国有企业管理人员；

（四）公办的教育、科研、文化、医疗卫生、体育等单位中从事管理的人员；

（五）基层群众性自治组织中从事管理的人员；

（六）其他依法履行公职的人员。

第十六条 各级监察机关按照管理权限管辖本辖区内本法第十五条规定的人员所涉监察事项。

上级监察机关可以办理下一级监察机关管辖范围内的监察事项，必要时也可以办理所辖各级监察机关管辖范围内的监察事项。

监察机关之间对监察事项的管辖有争议的，由其共同的上级监察机关确定。

第十七条　上级监察机关可以将其所管辖的监察事项指定下级监察机关管辖，也可以将下级监察机关有管辖权的监察事项指定给其他监察机关管辖。

监察机关认为所管辖的监察事项重大、复杂，需要由上级监察机关管辖的，可以报请上级监察机关管辖。

第四章　监察权限

第十八条　监察机关行使监督、调查职权，有权依法向有关单位和个人了解情况，收集、调取证据。有关单位和个人应当如实提供。

监察机关及其工作人员对监督、调查过程中知悉的国家秘密、工作秘密、商业秘密、个人隐私和个人信息，应当保密。

任何单位和个人不得伪造、隐匿或者毁灭证据。

第十九条　对可能发生职务违法的监察对象，监察机关按照管理权限，可以直接或者委托有关机关、人员进行谈话，或者进行函询，要求说明情况。

第二十条　在调查过程中，对涉嫌职务违法的被调查人，监察机关可以进行谈话，要求其就涉嫌违法行为作出陈述，必要时向被调查人出具书面通知。

对涉嫌贪污贿赂、失职渎职等职务犯罪的被调查人，监察机关可以进行讯问，要求其如实供述涉嫌犯罪的情况。

第二十一条　监察机关根据案件情况，经依法审批，可以强制涉嫌严重职务违法或者职务犯罪的被调查人到案接受调查。

第二十二条　在调查过程中，监察机关可以询问证人等人员。

第二十三条　被调查人涉嫌严重职务违法或者职务犯罪，并有下列情形之一的，经监察机关依法审批，可以对其采取责令候查措施：

（一）不具有本法第二十四条第一款所列情形的；

（二）符合留置条件，但患有严重疾病、生活不能自理的，系怀孕或者正在哺乳自己婴儿的妇女，或者生活不能自理的人的唯一扶养人；

（三）案件尚未办结，但留置期限届满或者对被留置人员不需要继续采取留置措施的；

（四）符合留置条件，但因为案件的特殊情况或者办理案件的需要，采取责令候查措施更为适宜的。

被责令候查人员应当遵守以下规定：

（一）未经监察机关批准不得离开所居住的直辖市、设区的市的城市市区或者不设区的市、县的辖区；

（二）住址、工作单位和联系方式发生变动的，在二十四小时以内向监察机关报告；

（三）在接到通知的时候及时到案接受调查；

（四）不得以任何形式干扰证人作证；

（五）不得串供或者伪造、隐匿、毁灭证据。

被责令候查人员违反前款规定，情节严重的，可以依法予以留置。

第二十四条 被调查人涉嫌贪污贿赂、失职渎职等严重职务违法或者职务犯罪，监察机关已经掌握其部分违法犯罪事实及证据，仍有重要问题需要进一步调查，并有下列情形之一的，经监察机关依法审批，可以将其留置在特定场所：

（一）涉及案情重大、复杂的；

（二）可能逃跑、自杀的；

（三）可能串供或者伪造、隐匿、毁灭证据的；

（四）可能有其他妨碍调查行为的。

对涉嫌行贿犯罪或者共同职务犯罪的涉案人员，监察机关可以依照前款规定采取留置措施。

留置场所的设置、管理和监督依照国家有关规定执行。

第二十五条 对于未被留置的下列人员，监察机关发现存在逃跑、自杀等重大安全风险的，经依法审批，可以进行管护：

（一）涉嫌严重职务违法或者职务犯罪的自动投案人员；
（二）在接受谈话、函询、询问过程中，交代涉嫌严重职务违法或者职务犯罪问题的人员；
（三）在接受讯问过程中，主动交代涉嫌重大职务犯罪问题的人员。

采取管护措施后，应当立即将被管护人员送留置场所，至迟不得超过二十四小时。

第二十六条 监察机关调查涉嫌贪污贿赂、失职渎职等严重职务违法或者职务犯罪，根据工作需要，可以依照规定查询、冻结涉案单位和个人的存款、汇款、债券、股票、基金份额等财产。有关单位和个人应当配合。

冻结的财产经查明与案件无关的，应当在查明后三日内解除冻结，予以退还。

第二十七条 监察机关可以对涉嫌职务犯罪的被调查人以及可能隐藏被调查人或者犯罪证据的人的身体、物品、住处和其他有关地方进行搜查。在搜查时，应当出示搜查证，并有被搜查人或者其家属等见证人在场。

搜查女性身体，应当由女性工作人员进行。

监察机关进行搜查时，可以根据工作需要提请公安机关配合。公安机关应当依法予以协助。

第二十八条 监察机关在调查过程中，可以调取、查封、扣押用以证明被调查人涉嫌违法犯罪的财物、文件和电子数据等信息。采取调取、查封、扣押措施，应当收集原物原件，会同持有人或者保管人、见证人，当面逐一拍照、登记、编号，开列清单，由在场人员当场核对、签名，并将清单副本交财物、文件的持有人或者保管人。

对调取、查封、扣押的财物、文件，监察机关应当设立专用账户、专门场所，确定专门人员妥善保管，严格履行交接、调取手续，定期对账核实，不得毁损或者用于其他目的。对价值不明物品应当及时鉴定，专门封存保管。

查封、扣押的财物、文件经查明与案件无关的，应当在查明后三日内解除查封、扣押，予以退还。

第二十九条 监察机关在调查过程中，可以直接或者指派、聘请具有专门知识的人在调查人员主持下进行勘验检查。勘验检查情况应当制作笔录，由参加勘验检查的人员和见证人签名或者盖章。

必要时，监察机关可以进行调查实验。调查实验情况应当制作笔录，由参加实验的人员签名或者盖章。

第三十条 监察机关在调查过程中，对于案件中的专门性问题，可以指派、聘请有专门知识的人进行鉴定。鉴定人进行鉴定后，应当出具鉴定意见，并且签名。

第三十一条 监察机关调查涉嫌重大贪污贿赂等职务犯罪，根据需要，经过严格的批准手续，可以采取技术调查措施，按照规定交有关机关执行。

批准决定应当明确采取技术调查措施的种类和适用对象，自签发之日起三个月以内有效；对于复杂、疑难案件，期限届满仍有必要继续采取技术调查措施的，经过批准，有效期可以延长，每次不得超过三个月。对于不需要继续采取技术调查措施的，应当及时解除。

第三十二条 依法应当留置的被调查人如果在逃，监察机关可以决定在本行政区域内通缉，由公安机关发布通缉令，追捕归案。通缉范围超出本行政区域的，应当请有权决定的上级监察机关决定。

第三十三条 监察机关为防止被调查人及相关人员逃匿境外，经省级以上监察机关批准，可以对被调查人及相关人员采取限制出境措施，由公安机关依法执行。对于不需要继续采取限制出境措施的，应当及时解除。

第三十四条 涉嫌职务犯罪的被调查人主动认罪认罚，有下列情形之一的，监察机关经领导人员集体研究，并报上一级监察机关批准，可以在移送人民检察院时提出从宽处罚的建议：

（一）自动投案，真诚悔罪悔过的；

（二）积极配合调查工作，如实供述监察机关还未掌握的违法犯罪行为的；

（三）积极退赃，减少损失的；

（四）具有重大立功表现或者案件涉及国家重大利益等情形的。

第三十五条 职务违法犯罪的涉案人员揭发有关被调查人职务违法犯罪行为，查证属实的，或者提供重要线索，有助于调查其他案件的，监察机关经领导人员集体研究，并报上一级监察机关批准，可以在移送人民检察院时提出从宽处罚的建议。

第三十六条 监察机关依照本法规定收集的物证、书证、证人证言、被调查人供述和辩解、视听资料、电子数据等证据材料，在刑事诉讼中可以作为证据使用。

监察机关在收集、固定、审查、运用证据时，应当与刑事审判关于证据的要求和标准相一致。

以非法方法收集的证据应当依法予以排除，不得作为案件处置的依据。

第三十七条　人民法院、人民检察院、公安机关、审计机关等国家机关在工作中发现公职人员涉嫌贪污贿赂、失职渎职等职务违法或者职务犯罪的问题线索，应当移送监察机关，由监察机关依法调查处置。

被调查人既涉嫌严重职务违法或者职务犯罪，又涉嫌其他违法犯罪的，一般应当由监察机关为主调查，其他机关予以协助。

第五章　监察程序

第三十八条　监察机关对于报案或者举报，应当接受并按照有关规定处理。对于不属于本机关管辖的，应当移送主管机关处理。

第三十九条　监察机关应当严格按照程序开展工作，建立问题线索处置、调查、审理各部门相互协调、相互制约的工作机制。

监察机关应当加强对调查、处置工作全过程的监督管理，设立相应的工作部门履行线索管理、监督检查、督促办理、统计分析等管理协调职能。

第四十条　监察机关对监察对象的问题线索，应当按照有关规定提出处置意见，履行审批手续，进行分类办理。线索处置情况应当定期汇总、通报，定期检查、抽查。

第四十一条　需要采取初步核实方式处置问题线索的，监察机关应当依法履行审批程序，成立核查组。初步核实工作结束后，核查组应当撰写初步核实情况报告，提出处理建议。承办部门应当提出分类处理意见。初步核实情况报告和分类处理意见报监察机关主要负责人审批。

第四十二条　经过初步核实，对监察对象涉嫌职务违法犯罪，需要追究法律责任的，监察机关应当按照规定的权限和程序办理立案手续。

监察机关主要负责人依法批准立案后，应当主持召开专题会议，研究确定调查方案，决定需要采取的调查措施。

立案调查决定应当向被调查人宣布，并通报相关组织。涉嫌严重职务违法或者职务犯罪的，应当通知被调查人家属，并向社会公开发布。

第四十三条 监察机关对职务违法和职务犯罪案件，应当进行调查，收集被调查人有无违法犯罪以及情节轻重的证据，查明违法犯罪事实，形成相互印证、完整稳定的证据链。

调查人员应当依法文明规范开展调查工作。严禁以暴力、威胁、引诱、欺骗及其他非法方式收集证据，严禁侮辱、打骂、虐待、体罚或者变相体罚被调查人和涉案人员。

监察机关及其工作人员在履行职责过程中应当依法保护企业产权和自主经营权，严禁利用职权非法干扰企业生产经营。需要企业经营者协助调查的，应当保障其人身权利、财产权利和其他合法权益，避免或者尽量减少对企业正常生产经营活动的影响。

第四十四条 调查人员采取讯问、询问、强制到案、责令候查、管护、留置、搜查、调取、查封、扣押、勘验检查等调查措施，均应当依照规定出示证件，出具书面通知，由二人以上进行，形成笔录、报告等书面材料，并由相关人员签名、盖章。

调查人员进行讯问以及搜查、查封、扣押等重要取证工作，应当对全过程进行录音录像，留存备查。

第四十五条 调查人员应当严格执行调查方案，不得随意扩大调查范围、变更调查对象和事项。

对调查过程中的重要事项，应当集体研究后按程序请示报告。

第四十六条 采取强制到案、责令候查或者管护措施，应当按照规定的权限和程序，经监察机关主要负责人批准。

强制到案持续的时间不得超过十二小时；需要采取管护或者留置措施的，强制到案持续的时间不得超过二十四小时。不得以连续强制到案的方式变相拘禁被调查人。

责令候查最长不得超过十二个月。

监察机关采取管护措施的，应当在七日以内依法作出留置或者解除管护的决定，特殊情况下可以延长一日至三日。

第四十七条 监察机关采取留置措施，应当由监察机关领导人员集体研究决定。设区的市级以下监察机关采取留置措施，应当报上一级监察机关批准。省级监察机关采取留置措施，应当报国家监察委员会备案。

第四十八条 留置时间不得超过三个月。在特殊情况下，可以延长一次，延长时间不得超过三个月。省级以下监察机关采取留置措施的，延长留置时间应当报上一级监察机关批准。监察机关发现采取留置措施不当或者不需要继续采取留置措施的，应当及时解除或者变更为责令候查措施。

对涉嫌职务犯罪的被调查人可能判处十年有期徒刑以上刑罚，监察机关依照前款规定延长期限届满，仍不能调查终结的，经国家监察委员会批准或者决定，可以再延长二个月。

省级以上监察机关在调查期间，发现涉嫌职务犯罪的被调查人另有与留置时的罪行不同种的重大职务犯罪或者同种的影响罪名认定、量刑档次的重大职务犯罪，经国家监察委员会批准或者决定，自发现之日起依照本条第一款的规定重新计算留置时间。留置时间重新计算以一次为限。

第四十九条 监察机关采取强制到案、责令候查、管护、留置措施，可以根据工作需要提请公安机关配合。公安机关应当依法予以协助。

省级以下监察机关留置场所的看护勤务由公安机关负责，国家监察委员会留置场所的看护勤务由国家另行规定。留置看护队伍的管理依照国家有关规定执行。

第五十条 采取管护或者留置措施后，应当在二十四小时以内，通知被管护人员、被留置人员所在单位和家属，但有可能伪造、隐匿、毁灭证据，干扰证人作证或者串供等有碍调查情形的除外。有碍调查的情形消失后，应当立即通知被管护人员、被留置人员所在单位和家属。解除管护或者留置的，应当及时通知被管护人员、被留置人员所在单位和家属。

被管护人员、被留置人员及其近亲属有权申请变更管护、留置措施。监察机关收到申请后，应当在三日以内作出决定；不同意变更措施的，应当告知申请人，并说明不同意的理由。

监察机关应当保障被强制到案人员、被管护人员以及被留置人员的饮食、休息和安全，提供医疗服务。对其谈话、讯问的，应当合理安排时间和时长，谈话笔录、讯问笔录由被谈话人、被讯问人阅看后签名。

被管护人员、被留置人员涉嫌犯罪移送司法机关后，被依法判处管制、拘役或者有期徒刑的，管护、留置一日折抵管制二日，折抵拘役、有期徒刑一日。

第五十一条　监察机关在调查工作结束后，应当依法对案件事实和证据、性质认定、程序手续、涉案财物等进行全面审理，形成审理报告，提请集体审议。

第五十二条　监察机关根据监督、调查结果，依法作出如下处置：

（一）对有职务违法行为但情节较轻的公职人员，按照管理权限，直接或者委托有关机关、人员，进行谈话提醒、批评教育、责令检查，或者予以诫勉；

（二）对违法的公职人员依照法定程序作出警告、记过、记大过、降级、撤职、开除等政务处分决定；

（三）对不履行或者不正确履行职责负有责任的领导人员，按照管理权限对其直接作出问责决定，或者向有权作出问责决定的机关提出问责建议；

（四）对涉嫌职务犯罪的，监察机关经调查认为犯罪事实清楚、证据确实、充分的，制作起诉意见书，连同案卷材料、证据一并移送人民检察院依法审查、提起公诉；

（五）对监察对象所在单位廉政建设和履行职责存在的问题等提出监察建议。

监察机关经调查，对没有证据证明被调查人存在违法犯罪行为的，应当撤销案件，并通知被调查人所在单位。

第五十三条　监察机关经调查，对违法取得的财物，依法予以没收、追缴或者责令退赔；对涉嫌犯罪取得的财物，应当随案移送人民检察院。

第五十四条　对监察机关移送的案件，人民检察院依照《中华人民共和国刑事诉讼法》对被调查人采取强制措施。

人民检察院经审查，认为犯罪事实已经查清，证据确实、充分，依法应当追究刑事责任的，应当作出起诉决定。

人民检察院经审查，认为需要补充核实的，应当退回监察机关补充调查，必要时可以自行补充侦查。对于补充调查的案件，应当在一个月内补充调查完毕。补充调查以二次为限。

人民检察院对于有《中华人民共和国刑事诉讼法》规定的不起诉的情形的，经上一级人民检察院批准，依法作出不起诉的决定。监察机关认为不起诉的决定有错误的，可以向上一级人民检察院提请复议。

第五十五条　监察机关在调查贪污贿赂、失职渎职等职务犯罪案件过程中，被调查人逃匿或者死亡，有必要继续调查的，应当继续调查并作出结论。被调查人逃匿，在通缉一年后不能到案，或者死亡的，由监察机关提请人民检察院依照法定程序，向人民法院提出没收违法所得的申请。

第五十六条 监察对象对监察机关作出的涉及本人的处理决定不服的，可以在收到处理决定之日起一个月内，向作出决定的监察机关申请复审，复审机关应当在一个月内作出复审决定；监察对象对复审决定仍不服的，可以在收到复审决定之日起一个月内，向上一级监察机关申请复核，复核机关应当在二个月内作出复核决定。复审、复核期间，不停止原处理决定的执行。复核机关经审查，认定处理决定有错误的，原处理机关应当及时予以纠正。

第六章 反腐败国际合作

第五十七条 国家监察委员会统筹协调与其他国家、地区、国际组织开展的反腐败国际交流、合作，组织反腐败国际条约实施工作。

第五十八条 国家监察委员会会同有关单位加强与有关国家、地区、国际组织在反腐败方面开展引渡、移管被判刑人、遣返、联合调查、调查取证、资产追缴和信息交流等执法司法合作和司法协助。

第五十九条 国家监察委员会加强对反腐败国际追逃追赃和防逃工作的组织协调，督促有关单位做好相关工作：

（一）对于重大贪污贿赂、失职渎职等职务犯罪案件，被调查人逃匿到国（境）外，掌握证据比较确凿的，通过开展境外追逃合作，追捕归案；

（二）向赃款赃物所在国请求查询、冻结、扣押、没收、追缴、返还涉案资产；

（三）查询、监控涉嫌职务犯罪的公职人员及其相关人员进出国（境）和跨境资金流动情况，在调查案件过程中设置防逃程序。

第七章 对监察机关和监察人员的监督

第六十条 各级监察委员会应当接受本级人民代表大会及其常务委员会的监督。

各级人民代表大会常务委员会听取和审议本级监察委员会的专项工作报告，组织执法检查。

县级以上各级人民代表大会及其常务委员会举行会议时，人民代表大会代表或者常务委员会组成人员可以依照法律规定的程序，就监察工作中的有关问题提出询问或者质询。

第六十一条　监察机关应当依法公开监察工作信息，接受民主监督、社会监督、舆论监督。

第六十二条　监察机关根据工作需要，可以从各方面代表中聘请特约监察员。特约监察员按照规定对监察机关及其工作人员履行职责情况实行监督。

第六十三条　监察机关通过设立内部专门的监督机构等方式，加强对监察人员执行职务和遵守法律情况的监督，建设忠诚、干净、担当的监察队伍。

第六十四条　监察人员涉嫌严重职务违法或者职务犯罪，为防止造成更为严重的后果或者恶劣影响，监察机关经依法审批，可以对其采取禁闭措施。禁闭的期限不得超过七日。

被禁闭人员应当配合监察机关调查。监察机关经调查发现被禁闭人员符合管护或者留置条件的，可以对其采取管护或者留置措施。

本法第五十条的规定，适用于禁闭措施。

第六十五条　监察人员必须模范遵守宪法和法律，忠于职守、秉公执法，清正廉洁、保守秘密；必须具有良好的政治素质，熟悉监察业务，具备运用法律、法规、政策和调查取证等能力，自觉接受监督。

第六十六条　对于监察人员打听案情、过问案件、说情干预的，办理监察事项的监察人员应当及时报告。有关情况应当登记备案。

发现办理监察事项的监察人员未经批准接触被调查人、涉案人员及其特定关系人，或者存在交往情形的，知情人应当及时报告。有关情况应当登记备案。

第六十七条　办理监察事项的监察人员有下列情形之一的，应当自行回避，监察对象、检举人及其他有关人员也有权要求其回避：

（一）是监察对象或者检举人的近亲属的；

（二）担任过本案的证人的；

（三）本人或者其近亲属与办理的监察事项有利害关系的；

（四）有可能影响监察事项公正处理的其他情形的。

第六十八条 监察机关涉密人员离岗离职后，应当遵守脱密期管理规定，严格履行保密义务，不得泄露相关秘密。监察人员辞职、退休三年内，不得从事与监察和司法工作相关联且可能发生利益冲突的职业。

第六十九条 监察机关及其工作人员有下列行为之一的，被调查人及其近亲属、利害关系人有权向该机关申诉：

（一）采取强制到案、责令候查、管护、留置或者禁闭措施法定期限届满，不予以解除或者变更的；

（二）查封、扣押、冻结与案件无关或者明显超出涉案范围的财物的；

（三）应当解除查封、扣押、冻结措施而不解除的；

（四）贪污、挪用、私分、调换或者违反规定使用查封、扣押、冻结的财物的；

（五）利用职权非法干扰企业生产经营或者侵害企业经营者人身权利、财产权利和其他合法权益的；

（六）其他违反法律法规、侵害被调查人合法权益的行为。

受理申诉的监察机关应当在受理申诉之日起一个月内作出处理决定。申诉人对处理决定不服的，可以在收到处理决定之日起一个月内向上一级监察机关申请复查，上一级监察机关应当在收到复查申请之日起二个月内作出处理决定，情况属实的，及时予以纠正。

第七十条 对调查工作结束后发现立案依据不充分或者失实，案件处置出现重大失误，监察人员严重违法的，应当追究负有责任的领导人员和直接责任人员的责任。

第八章　法　律　责　任

第七十一条 有关单位拒不执行监察机关作出的处理决定，或者无正当理由拒不采纳监察建议的，由其主管部门、上级机关责令改正，对单位给予通报批评；对负有责任的领导人员和直接责任人员依法给予处理。

第七十二条　有关人员违反本法规定，有下列行为之一的，由其所在单位、主管部门、上级机关或者监察机关责令改正，依法给予处理：

（一）不按要求提供有关材料，拒绝、阻碍调查措施实施等拒不配合监察机关调查的；

（二）提供虚假情况，掩盖事实真相的；

（三）串供或者伪造、隐匿、毁灭证据的；

（四）阻止他人揭发检举、提供证据的；

（五）其他违反本法规定的行为，情节严重的。

第七十三条　监察对象对控告人、检举人、证人或者监察人员进行报复陷害的；控告人、检举人、证人捏造事实诬告陷害监察对象的，依法给予处理。

第七十四条　监察机关及其工作人员有下列行为之一的，对负有责任的领导人员和直接责任人员依法给予处理：

（一）未经批准、授权处置问题线索，发现重大案情隐瞒不报，或者私自留存、处理涉案材料的；

（二）利用职权或者职务上的影响干预调查工作、以案谋私的；

（三）违法窃取、泄露调查工作信息，或者泄露举报事项、举报受理情况以及举报人信息的；

（四）对被调查人或者涉案人员逼供、诱供，或者侮辱、打骂、虐待、体罚或者变相体罚的；

（五）违反规定处置查封、扣押、冻结的财物的；

（六）违反规定发生办案安全事故，或者发生安全事故后隐瞒不报、报告失实、处置不当的；

（七）违反规定采取强制到案、责令候查、管护、留置或者禁闭措施，或者法定期限届满，不予以解除或者变更的；

（八）违反规定采取技术调查、限制出境措施，或者不按规定解除技术调查、限制出境措施的；

（九）利用职权非法干扰企业生产经营或者侵害企业经营者人身权利、财产权利和其他合法权益的；

（十）其他滥用职权、玩忽职守、徇私舞弊的行为。

第七十五条　违反本法规定，构成犯罪的，依法追究刑事责任。

第七十六条 监察机关及其工作人员行使职权，侵犯公民、法人和其他组织的合法权益造成损害的，依法给予国家赔偿。

第九章 附 则

第七十七条 中国人民解放军和中国人民武装警察部队开展监察工作，由中央军事委员会根据本法制定具体规定。

第七十八条 本法自公布之日起施行。《中华人民共和国行政监察法》同时废止。

图书在版编目（CIP）数据

新监察法实施条例一点通 /《新监察法实施条例一点通》编写组编. -- 北京：中国法治出版社，2025.7.（纪检监察实务系列）. -- ISBN 978-7-5216-5412-7

Ⅰ.D922.114

中国国家版本馆 CIP 数据核字第 2025TJ5555 号

责任编辑：王雯汀　　　　　　　　　　　　　　　　　　封面设计：杨泽江

新监察法实施条例一点通
XIN JIANCHAFA SHISHI TIAOLI YIDIANTONG

编者/《新监察法实施条例一点通》编写组
经销/新华书店
印刷/三河市紫恒印装有限公司
开本/880 毫米×1230 毫米　32 开　　　　　　　　　　　印张/9　字数/181 千
版次/2025 年 7 月第 1 版　　　　　　　　　　　　　　2025 年 7 月第 1 次印刷

中国法治出版社出版
书号 ISBN 978-7-5216-5412-7　　　　　　　　　　　　定价：36.00 元

北京市西城区西便门西里甲 16 号西便门办公区
邮政编码：100053　　　　　　　　　　　　　　　　　传真：010-63141600
网址：http：//www.zgfzs.com　　　　　　　　　　　编辑部电话：010-63141824
市场营销部电话：010-63141612　　　　　　　　　　　印务部电话：010-63141606

（如有印装质量问题，请与本社印务部联系。）